Johanna Paungger
Thomas Poppe

GÄRTNERN *mit der Kraft des* MONDES

Servus

INHALT

Eine kurze Gebrauchsanweisung für den Mondkalender . . . 9

Vom richtigen Zeitpunkt im Garten . . . 18

Das Gartenjahr beginnt. Aussaat und Einpflanzen . . . 30

Pflanzen, Setzen und Säen von:

- *oberirdisch wachsenden Pflanzen und Gemüsesorten* . . . 35
- *unterirdisch wachsendem Gemüse* . . . 37
- *fruchttragenden Bäumen, Sträuchern und Pflanzen* . . . 38
- *Blattgemüse* . . . 40
- *kopfenden Pflanzen* . . . 41
- *Blumen und Blütensträuchern* . . . 42

Günstige und ungünstige Pflanzengemeinschaften . . . 44

Das Gartenjahr begleiten. Der richtige Zeitpunkt im Jahreslauf . . . 48

Umtopfen und Umsetzen . . . 49

Pikieren . . . 53

übrigen Bestandteilen des Wissens und seinen vielen Hilfestellungen zuwenden werden.

Ein Wort noch zum Umgang mit dem Mondwissen, was Ihre Umgebung betrifft. Die Begeisterung, die sich nach wenigen Monaten einstellen wird, mag Sie verführen, auch Ihre Umgebung „zwangsbeglücken" zu wollen. Tun Sie es nicht. Ihr eigenes Beispiel und Vorbild in der Anwendung des Wissens sind viel wirksamer als der Versuch, mit Überredungskunst zu arbeiten. Sie werden sehen, welche echte Freude damit verbunden ist, mit ein wenig Geduld und aus eigener Kraft dauerhafte Lösungen für viele große und kleine Probleme des Alltags zu finden.

Und nun wünschen wir viel Freude mit einer abenteuerlichen Entdeckungsreise im Reich dieses wertvollen Wissens unserer Vorfahren – heute noch gültig wie eh und je.

Ihre Johanna Paungger-Poppe & Thomas Poppe

EINE EINLADUNG

Zu den wertvollsten Schätzen, die uns unsere Vorfahren hinterlassen haben, zählte zu allen Zeiten das Wissen um den richtigen Zeitpunkt einer Vielzahl von Tätigkeiten – in Harmonie mit Mondphase und Mondstand im Tierkreis. Der explosive technische Fortschritt der letzten 150 Jahre hat uns die Überzeugung gewinnen lassen, dass wir heute auf dieses Wissen verzichten können. Wer mit offenen Augen und offenem Herz durchs Leben geht, weiß aber: Wir können es nicht. Es wird in Zukunft wichtiger denn je werden.

Mit dieser Buchreihe erfüllen wir weiterhin unsere Aufgabe, das Mondwissen neu zu beleben und damit Ihr Leben zu erleichtern – auf allen Gebieten, die Ihnen am Herzen liegen. Am besten blättern Sie durch die Inhaltsverzeichnisse und picken sich heraus, was Sie gerade besonders anspricht. Dann schauen Sie bei den jeweiligen Kapiteln nach, setzen die einfachen Tipps und Regeln um, die Sie dort finden, und sammeln allmählich Erfahrungen mit dem unausweichlichen Erfolg. Das wird Sie so sehr beflügeln, dass Sie sich nach und nach auch den

Rasen anlegen und einsäen 54
Rasen mähen für kräftiges Wachstum 56
Pflanzenernährung und Düngen 59
Jäten und Unkrautregulierung 61
Vom Umgang mit Schädlingen 65
Komposthaufen ansetzen 69
Veredeln und Pfropfen 72
Hecken schneiden 74
Baumspitzen schneiden 77
Häckseln, Mulchen und Laub rechen 80
Obstbäume schneiden 84
Vom Umgang mit Kräutern 87
Bienenzucht 92

Das Gartenjahr geht zu Ende.
Ernten, Lagern, Einwintern 96

Ernten zur Lagerung 97
Konservieren, Einmachen und Lagern 99
Einwintern von Geräten etc. 102

Die Geschichte vom zehnten Gärtner 108

Eine kurze GEBRAUCHSANWEISUNG *für den* MONDKALENDER, *das einzige Werkzeug, das Sie brauchen werden*

„Schon Ende Dezember beginnen die Bäume aufzuwachen.
Die Säfte steigen, auch bei klirrender Kälte.
Schon Ende Juni beginnen die Bäume mit dem Rückzug.
Besucht die Schule, die Euch von solchen Dingen erzählt."
Ron Fischer

Was geschieht, wenn das Überleben in einer Gemeinschaft von Menschen von der Fähigkeit abhängt, Feldfrüchte erfolgreich anzubauen, Missernten zu vermeiden, gute Dinge aus Wildsammlung haltbar zu machen? Liegt es da nicht auf der Hand, dass die Menschen ihre Wahrnehmung und Beobachtungsgabe schärfen, die Rhythmen der Natur kennenlernen und in ihnen wie in einem Buch lesen? Sie erkennen ganz sicher auch, dass der Erfolg im Ackerbau und ihren Gärten von den Mondphasen und dem Mondstand im Tierkreis beeinflusst wird. Denn genau so und nicht anders ist überhaupt der Tierkreis mit seinen zwölf Tierkreiszeichen entstanden.

Wenn ich aus direkter Wahrnehmung erfahre, dass die günstige Zeit für ein bestimmtes Tun – etwa die Aussaat des Getreides – zu bestimmten Mondphasen und zudem genau zwischen zwei Sternen am Himmel auftaucht, dann liegt es nahe, diese Sterne zu einem Bild zusammenzufassen und ihm einen Namen zu geben, er macht es leicht, die von ihnen – wie von einem Uhrzeiger – angezeigten Einflüsse zu erkennen und vor allem vorauszuberechnen. Hier liegt auch der Grund verborgen, warum Tausende und Abertausende von Gebäuden aus alter Zeit keinem anderen Zweck dienten, als den Lauf des Mondes (und auch der Sonne) in Kalendern festzuhalten.

Noch bis vor etwa 120 Jahren wäre ein Kalender, der Mondphase, Mondstand und Tierkreis nicht enthält, undenkbar gewesen. Wir schätzen uns glücklich, daran beteiligt zu sein, das uralte Wissen vom „richtigen Zeitpunkt" wiederzubeleben. Denn die Zukunft wird uns dazu zwingen, warum also nicht die ersten Schritte freiwillig tun?

Sollte dieses Buch Ihre erste Berührung mit einem Mondkalender sein, so möchten wir Ihnen hier eine kurze Gebrauchsanweisung geben. Was versteht man darunter, wenn im Buch von den verschiedenen „Zuständen" des Mondes die Rede ist, die auf derart viele Tätigkeiten im Alltag Einfluss nehmen? Was heißt „Vollmond" und „Neumond", „zunehmender" und „abnehmender Mond"? Was steckt zum Beispiel hinter dem Satz: „Vollmond im Tierkreiszeichen Jungfrau ist ungünstig für das Konservieren von Früchten"? Oder hinter dem Satz: „Der Mond in Waage ist ein Blütentag"?

Der Einfachheit halber hatten sich unsere Vorfahren Formulierungen wie diese angewöhnt: „Der Mond beeinflusst alles Tun im Garten" oder „Jungfrau begünstigt alle Pflanzarbeiten". Dabei war es völlig gleichgültig, ob der Mond tatsächlich diese Wirkung hat oder ob er zeitgleich mit bestimmten Energien und Vorgängen auf der Erde die immer gleichen Positionen einnimmt.

Wir bleiben beim Sprachgebrauch, der seit alters her im Umlauf ist: Der Mond, seine Phasen und seine Position im Tierkreis „wirken" auf die Erde und auf alles Leben. Zur leichteren Identifizierung im Mondkalender nun zu den fünf wichtigsten Impulsen des Mondes:

Zunehmender Mond

Wenige Stunden nach Neumond wird der Mond als feine Sichel erkennbar, die sich nach links öffnet. Die Phase zwischen Neu- und Vollmond bezeichnet man als „zunehmenden Mond“, sie dauert etwa 14 Tage. Symbolisch finden Sie den zunehmenden Mond in Kalendern als weiße oder gelbe Sichel bis zum Vollmond eingezeichnet. Alle Kräfte, die der zunehmende Mond freisetzt, verstärken sich, je näher der Vollmond rückt. In der Regel machen sie sich drei Tage vor Vollmond am deutlichsten bemerkbar. Im Garten ist das eine günstige Zeit fürs Setzen und Säen von oberirdischen Feldfrüchten.

Vollmond

Nimmt man den Neumond als Beginn, hat der Mond jetzt die Hälfte seiner Reise um die Erde vollendet, er steht als leuchtender Vollmond am Himmel. Im Mondkalender ist der Vollmond als weiße oder gelbe Scheibe eingezeichnet. Bei Vollmond gesammelte Heilkräuter wirken besser, er ist jedoch ein sehr ungünstiger Tag fürs Schneiden von Obstbäumen, um nur zwei Beispiele zu nennen.

Abnehmender Mond

Kurz nach Vollmond wandert der Mond langsam weiter, sein Schatten wächst und wird von rechts nach links immer größer. Die etwa 14-tägige Phase des abnehmenden Mondes beginnt, bis wieder Neumond herrscht. Auch die Kräfte des abnehmenden Mondes werden umso stärker, je mehr der Mond abnimmt, und sind kurz vor Neumond am stärksten. In dieser Zeit gesetzt, gedeihen unterirdische Feldfrüchte, Kartoffeln, rote Rüben etc. besser. Dünger wird besser von der Erde aufgenommen.

Neumond

Steht der Mond – von der Erde aus gesehen – genau zwischen Erde und Sonne, liegt seine uns zugewandte Seite völlig im Dunkeln. Für wenige Stunden ist er dann kaum zu erkennen, auf der Erde herrscht „Neumond". Im Mondkalender wird der Neumond als schwarze, manchmal auch als dunkelblaue Scheibe eingezeichnet. Ein idealer Zeitpunkt zum Schneiden von Baumspitzen, was für ein robusteres Wachstum sorgt. Wer an Neumond Neues beginnt, hat größere Chancen auf Erfolg.

Sie können sich den Mondkalender der nächsten fünf Jahre unter der Url ***www.servus.com/mondkalender-servus-buch*** oder über diesen QR-Code herunterladen:

Der Mondstand im Tierkreis

Im Mondkalender sind im Laufe eines einzigen Monats alle zwölf Tierkreiszeichen angegeben. Wandert die Erde um die Sonne, hält sich die Sonne im Laufe eines Jahres jeweils etwa einen Monat lang in einem Zwölftel des Tierkreises auf – vom Tierkreiszeichen Widder Ende März bis zum Tierkreiszeichen Fische Ende Februar. Dieselben Tierkreiszeichen durchläuft auch dcr Mond bei seinem etwa 28-tägigen Umlauf um die Erde, wobei er sich in jedem Zeichen nur zwei bis drei Tage lang aufhält. Jedes Tierkreiszeichen übt auf das Pflanzenreich spezielle Kräfte aus, deren Kenntnis sich mit großem Gewinn bei fast allen Tätigkeiten in Garten und Landwirtschaft einsetzen lässt.

Die Tabelle auf der übernächsten Seite ist neben dem Mondkalender Ihr grundlegendes Handwerkszeug sowie als Gedächtnisstütze und Inspiration gedacht. Sie gibt einen Überblick über die unterschiedlichen Wirkungsimpulse der einzelnen Mondstände im Tierkreis – auf Pflanzenteile, Körperzonen,

Nahrungsqualität und so weiter – und zeigt Ihnen die gebräuchlichen Symbole für die Tierkreiszeichen, um ihr Auffinden und Identifizieren in den Mondkalendern zu erleichtern. Nebenbei bemerkt: Funktionierende Mondkalender geben immer den Mondstand im Tierkreis an, nicht den astronomischen Mondstand im Sternzeichen am Himmel.

Die Tabelle zeigt also auf einen Blick, dass mit dem Mondstand im Tierkreis zwölf unterschiedliche Kraftwirkungen verbunden sind, die auf der Erde deutliche „Spuren" hinterlassen. Sie können zwar selten so unmittelbar erfühlt werden wie etwa der Vollmond, aber der Einfluss auf Pflanzenwachstum, Tier und Mensch ist deutlich erkennbar. Beispiel: Die Tabelle zeigt, dass Jungfrau einen „Wurzeltag" markiert, der alle Pflanzarbeiten und das Umtopfen begünstigt. Sogar ältere Bäume lassen sich jetzt erfolgreich verpflanzen.

In den folgenden Kapiteln werden wir Mondphasen und Mondstand im Tierkreis zu den mannigfaltigen Tätigkeiten im Garten in Beziehung setzen und Sie mit den Grundregeln vertraut machen. Dieses Buch ist dabei in erster Linie als Anregung für Sie gedacht, nicht als starres „Gesetzeswerk", das Gehorsam verlangt.

Wir müssen einfach lernen, uns Zeit zum Nachfühlen zu nehmen, und wieder mehr Geschmack am Echten und an der Wirklichkeit entwickeln statt an den Ersatz- und Suchtstoffen aus der „Glotze“. Wir haben die Freiheit, uns korrekt zu informieren, der eigenen Erfahrung zu vertrauen und ihr zu folgen. Dann hat der allseitige Versuch, die Dinge immer komplizierter zu machen, keine Chance. Nutzen wir diese Freiheit!

BEIM TIERKREISZEICHEN	WIRKUNGSIMPULS
WIDDER	FRUCHT
STIER	WURZEL
ZWILLINGE	BLÜTE
KREBS	BLATT
LÖWE	FRUCHT
JUNGFRAU	WURZEL
WAAGE	BLÜTE
SKORPION	BLATT
SCHÜTZE	FRUCHT
STEINBOCK	WURZEL
WASSERMANN	BLÜTE
FISCHE	BLATT

Vom RICHTIGEN ZEITPUNKT im GARTEN

*„Es ist so angenehm, zugleich die Natur
und sich selbst zu erforschen,
weder ihr noch dem eigenen Geist Gewalt anzutun,
sondern beide in sanfter Wechselwirkung
miteinander ins Gleichgewicht zu bringen."*
Johann Wolfgang von Goethe

Was wünschen Sie sich von Ihrem Garten (oder auch von Ihrem Balkon, den Sie in ein grünes Pflanzenmeer verwandeln wollen)? Soll er Ihnen als friedlicher Rückzugsort zum Relaxen und Meditieren dienen? Wollen Sie Ihre Schaffenskraft austoben und ein kleines Paradies fürs Auge erschaffen? Oder träumen Sie davon, eines Tages Selbstversorger zu werden, mit dem Besten, was die Erde an Bio-Früchten und -Gemüsen hergibt? Wenn Sie auch nur eine der Fragen mit Ja beantworten, dann ist dieses Buch für Sie. Der Mondkalender wird Ihnen verlässlich zur Seite stehen und Ihre Absicht Wirklichkeit werden lassen. Bevor wir ihn ausführlich zu Wort kommen lassen, noch zwei Dinge: eine kleine Anekdote aus unserem Alltag und eine vielleicht überraschende Information für Sie.

Der Rhabarber kam mit der Post. Ein Pflänzchen als Begrüßung für unser neues Heim, gehüllt in feuchtes Papier, von einer lieben Verwandten geschickt – fast als ob die Worte ihn begleiten würden: „Das ist deine letzte Chance."

Wir pflanzten ihn schon bald, natürlich zum richtigen Zeitpunkt nach dem Mondkalender, in eine magere Ecke des Grundstücks, weil das Haus noch nicht fertig war – Anwässern, ein paar gute Wünsche, fertig. Kein Kompost, kein Dünger, nichts. Und in Ruhe gelassen.

Jahre vergingen und es ist bei den guten Wünschen geblieben. Keine Gießkanne, kein Dünger, kein Kompost, kein Mist im Herbst, kein Zurückschneiden, nichts. Betonharter Boden bei Trockenheit. Aber was für ein Anblick! Jedes Jahr wuchs und gedieh der Rhabarber, als gälte es, Preise zu gewinnen. Mit seinen gigantischen Blättern nahm er eine Fläche von vier Quadratmetern ein und beschenkte uns bis zu unserem Auszug jedes Jahr reichlich – Kompott, Marmelade, Kuchen, was auch immer. Gesund und vitaminreich. Ohne dass wir auch nur einen Finger rührten, um ihn zu pflegen oder zu päppeln. Nichts außer unseren guten Wünschen – die müssen schon sein. Mit Pflanzen zu sprechen: für jeden Menschen mit grünem Daumen eine Selbstverständlichkeit.

Irgendwann später blätterten wir eines Tages in einer Buchhandlung in einem dicken Standardwerk zum Thema „Garten" und stolperten über das Stichwort „Rhabarber". Ganze vier eng beschriebene Seiten zum Thema „Rhabarber und seine Pflege"! Eine einzige Katastrophe! Der Text wirkte wie eine wissenschaftliche Abhandlung, nach deren Lektüre die Leserinnen und Leser die Überzeugung gewinnen mussten, ohne Bodenanalyse und Chemie könne kein Rhabarber auskommen.

Wir wollen Ihnen zeigen, dass es auch anders geht. Sie erfahren hier nicht, wie man Rosen züchtet und Zierbeete anlegt, nicht, wie man Begonien düngt und Tomaten bewässert. Sie erfahren stattdessen, wie man zum richtigen Zeitpunkt sät, setzt und erntet, wie man die Natur in Frieden lässt, damit sie tun kann, wofür sie geschaffen ist – nämlich in vielfältigster Weise für uns da zu sein, damit wir unseren Weg im Leben finden, gestärkt an Leib und Seele. Unsere kleine Rhabarberpflanze hat sich zu einem Prachtexemplar entwickelt, aller Wissenschaft und aller „Untauglichkeit“ ihrer Umgebung zum Trotz. Pflänzchen und Samen zum richtigen Zeitpunkt in die Erde, angießen, ein paar gute Gedanken – fertig.

Und nun zur versprochenen Information: Stellen Sie sich vor, dass eine größere Familie ein Einfamilienhaus mit Garten bewohnt. Aus welchen Gründen auch immer, hat sie sich entschieden, in ihrem Fleckchen Grün eine kleine Fläche von etwa drei mal drei Metern völlig in Ruhe zu lassen. Mit der Folge, dass dort im Laufe der Zeit eine kleine Wildnis entsteht, ein Mikro-Dschungel voller wilder Blumen, Gräser, Kraut und Unkraut in einer ganz speziellen Zusammensetzung.

Und jetzt stellen Sie sich vor, diese Familie zieht aus und eine neue Familie zieht in das Haus ein. Die neuen Bewohner finden die Idee mit dem Mini-Dschungel irgendwie schön und lassen ihn, wie er ist. Sie mähen dort nur ein- oder zweimal Mal im Jahr, sie pflanzen nichts an, sie „pflegen“ den Dschungel nicht. Statt „Gartenkultur“ ein kleines Kräuter- und Blumendurcheinander. Was geschieht nun wie von Zauberhand nach dem Einzug der neuen Familie? Die Zusammensetzung der Pflanzenfamilie ändert sich nach kurzer Zeit! Es siedeln sich nämlich genau jene Kräuter an, die die neue Familie für ihr Gesundbleiben und -werden braucht: Löwenzahn, Brennnesseln, Schöllkraut, Gänseblümchen, kleinblütiges Weidenröschen und so weiter – ein Pflanzenmix, so spezifisch auf die neue Familie zugeschnitten, wie es die vorherige Kombination von Pflanzen auf die Vorbesitzer war.

Was passiert hier? Die Natur hat auf die Familie geantwortet! Und so lässt sich der Zusammenhang zusammenfassen: Die Natur sorgt dafür, dass in der Umgebung von Menschen stets Heilkräuter in einer ganz bestimmten Vielfalt wachsen – vorausgesetzt, der Boden ist dort noch naturbelassen, wird nicht künstlich gedüngt oder gespritzt. Welche Kräuter das sind, richtet sich danach, wer dort wohnt und welche Pflanzen die jeweiligen Menschen für ihr Wohlergehen, zur Vorbeugung und für die Linderung und Heilung eventuell bestehender Krankheiten brauchen. Wenn jemand eine körperliche Schwachstelle besitzt oder eine bestimmte Krankheit bekommt, taucht gleichzeitig, manchmal auch schon einige Zeit vorher, das entsprechende Heilkraut in der Nähe auf – wie aus heiterem Himmel. Ziehen die Menschen weg, ändern sich auch Art und Zusammensetzung der Kräutervielfalt in der unmittelbaren Umgebung und passen sich den gesundheitlichen Erfordernissen der neuen Bewohner an. Genau hier mag auch der Grund verborgen sein, warum überall Brennnesseln wachsen. Sie sind das ideale Kraut für einen entgiftenden Tee, den wir alle inzwischen mehr denn je brauchen.

Lassen Sie diese Information auf sich wirken. Löwenzahn, Gänseblümchen, Brennnessel, Schöllkraut, Schafgarbe, Giersch, Spitzwegerich und viele mehr: Fast alle „Unkräuter" besitzen große Heilkräfte. Wenn Sie beispielsweise im Frühjahr täglich drei Löwenzahnstängel essen (mehr wäre nicht gut!), haben Sie für Ihre Leber und Galle schon viel Gutes getan. Alle Unkräuter in der Landwirtschaft, die mit viel Aufwand bekämpft werden, sind nichts anderes als eine Information der Natur. Sie sagt uns: „Diese Pflanzen würden die ausgelaugte Erde wiederbeleben" oder „Mit den Inhaltsstoffen dieser Pflanzen könntet ihr den Mangel ausgleichen, der durch leblose Nutzpflanzen in eurem Körper entsteht". Sobald Sie die ganze Tragweite dieser Informationen erfasst haben, werden Sie die Welt mit anderen Augen sehen.

Wir persönlich heißen jeden Löwenzahn herzlich willkommen, weil jeder seiner Teile eine kraftvolle Medizin bereithält und er noch dazu ein schmackhaftes Gemüse ist. Eines sollte man nämlich bei aller Toleranz nicht aus den Augen verlieren: Es ist eine Sache, seinen ganz besonderen, individuellen Geschmack zu haben, im Garten wie bei allen anderen Dingen. Es ist eine andere Sache, durch das Ausleben meiner eigenen Vorlieben Wiesen und Gärten zu vergiften. Damit schade ich nicht nur mir selbst, sondern auch meinen Nachbarn, dem Grundwasser, ja, der ganzen Welt. Besonders Kinder und ältere Menschen haben darunter zu leiden. Aus Achtung vor der Natur und aus Achtung vor uns selbst und unserer Gesundheit sollte es bei uns keinen „englischen Rasen“ geben.

Erlauben Sie der freundlichen Natur, dass sich bei Ihnen eine Wiese breitmacht, und mähen Sie sie zum richtigen Zeitpunkt. Jedes Kraut, das kommt, möchte ja ganz besonders gerne zu Ihnen kommen, weil Sie es brauchen! Identifizieren Sie es und lesen Sie nach, was es alles kann! Sie werden die Weisheit der Natur zu schätzen lernen.

Kaum ein Wissensschatz unserer Vorfahren könnte moderner und zukunftsträchtiger sein als das Wissen um den richtigen Zeitpunkt im Mondrhythmus. Wissen macht Mut, und es macht mehr und mehr Mut, je mehr es sich bewährt! Wir gemeinsam können das Ruder herumreißen. Jeder Einzelne von uns ist es, der das Schicksal der Welt bestimmt.

Und was hat es mit dem sprichwörtlichen „grünen Daumen" auf sich, der kleine Paradiese heranblühen lässt, während ein anders gefärbter Daumen trotz aller guten Absichten alles „zu Tode" pflegt? Der Unterschied liegt im persönlichen Gespür, das jeder Mensch besitzt. Nicht jeder ist dazu berufen, es zum Leben zu erwecken, aber jeder besitzt es. Es ist also keine Frage des mühevollen Erlernens von etwas Fremdem. Es geht im Gegenteil um das Erwecken von etwas, das, mühevoll eingemauert in Ihrer Seele, auf das Licht des Tages wartet. Und bis Sie persönlich es freigelegt haben, verwenden Sie einfach den Mondkalender. Er ist nämlich nur ein Abbild der Wirklichkeit, ähnlich einem unfehlbaren Wetterbericht, der Ihnen auf den Tag genau günstige Winde für Ihr Vorhaben anzeigt und voraussagt. Er bildet die Perlenkette der Tierkreiszeichen im Jahreslauf ab, zeigt Ihnen den Wellenschlag der Mondphasen und weist den Weg zum richtigen Zeitpunkt fürs Pflanzen, Ernten, Jäten, Schneiden, Umtopfen, Reinigen, Einkochen, Pikieren, Mulchen, Anlegen von Komposthaufen oder Wegen und vieles mehr. So dient er auch als Richtungspfeil für all jene, die den Ausweg aus dem Hamsterrad, in das wir uns in den letzten Jahrzehnten freiwillig begeben haben, entdecken und nützen wollen.

Tätigkeiten rund um Garten und fruchtbare Erde gibt es zahlreiche, aber in diesem Buch stellen wir all jene vor, die erfahrungsgemäß im Privat- und Balkongarten vorkommen. Sie sind ausnahmslos auch in Gartenbau und Landwirtschaft anwendbar. Im Prinzip gelten die Regeln also im Kleinen wie im Großen, auf Ihrer Fensterbank genauso wie auf dem Tulpenfeld in Holland oder beim Kräuteranbau in Südfrankreich.

Eine Tätigkeit im Garten werden Sie im Buch vielleicht vermissen: das Bewässern und Gießen. Wenn Sie beim Säen und Pflanzen den richtigen Zeitpunkt im Mondkalender beachten, ist regelmäßiges Gießen im Freien nicht nötig. Nur zu Beginn, beim

Ansäen, muss jede Erde feucht gehalten werden, bis die Pflänzchen gut sichtbar sind. Sie darf nicht nass sein, deshalb sollten Sie möglichst am Abend setzen und säen, dann haben Samen und Pflänzchen bessere Chancen. Danach brauchen Sie nicht mehr zu gießen, außer in Phasen unnatürlich langer Trockenheit.

Sollten Sie allerdings mit dem Gießen schon begonnen haben, müssten Sie noch das ganze Jahr über gießen! Die Pflanzen und Blumen sind dann schon verwöhnt und würden bei zu starker Sonnenbestrahlung eingehen. Kübel-, Balkon-, Topf- und Zimmerpflanzen müssen gegossen werden – allerdings viel seltener, als Sie im Moment vielleicht noch glauben, nämlich ausschließlich an den Tierkreiszeichen Krebs, Skorpion und Fische, den „Wassertagen".

Fassen Sie Mut! Wassermangel, Schädlinge, invasive Pflanzen – das alles existiert, weil wir über viele Jahrzehnte Ausbeutung betrieben haben. Wir helfen mit bei Umdenken und Umkehr. Denn wer den richtigen Zeitpunkt im Mondrhythmus nicht kennt, landet zwangsläufig bei Kunstdünger, Pestiziden und Insektiziden, weil er glaubt, nur so habe er „Erfolg".

Das bedeutet Symptombekämpfung, die niemals endet und nur vernichtet. Lassen Sie also die „modernen“ Vorstellungen von der Gartenpflege hinter sich und freuen Sie sich an gesunden, kräftigen, widerstandsfähigen, schmackhaften Ernten. Sie werden überrascht sein, zu erfahren, wie einfach das alles geht. Wenn Sie im Bereich „Gartenpflege“ den richtigen Zeitpunkt wählen, können Sie auf Kunstdünger und Pestizide völlig verzichten. Ihr Garten kann zu einer Oase der Regeneration und Muße werden – und zu Ihrer ganz persönlichen Apotheke.

Machen wir uns nun gemeinsam auf die Wanderschaft durchs Gartenjahr – begleitet vom besten und verlässlichsten Freund aller Gartenfans, dem Mondkalender.

Das GARTENJAHR beginnt. AUSSAAT und EINPFLANZEN.

*„Warum sollte man versuchen,
seinen Kindern Wunder zu erklären,
wenn man sie einfach einen Garten
pflanzen lassen kann."*

Robert Brault

Seltsame Dinge geschehen manchmal. Ein paar Beispiele: Gemeinsam mit einer Freundin kaufte man Karottensamen und freute sich über das üppige, frisch leuchtende Grün, das da heranwuchs. Im Garten der Freundin aber kamen die gleichen Karottenpflanzen nur schüchtern zum Vorschein, man vermutete einen schlechteren Boden, das etwas andere Klima, zu wenig gegossen … und so fort. Dann die Überraschung bei der Ernte: Die eigenen Karotten glichen dünnen roten Würmchen, während sich die Freundin über reiche Ernte freute. Was war geschehen?

Mit Sorgfalt hatte man kleine muntere Pflänzchen in Pflanztöpfen vorgezogen und dann nach den Eisheiligen „pikiert“, das heißt ins Gartenbeet ausgepflanzt – woraufhin die Pflänzchen fast alle schlapp machten und umfielen. Warum nur?

Die Nachbarin hatte zu viele Salatpflänzchen gekauft und Ihnen einige abgegeben, die aber erst einmal drei Tage in der Garage warten mussten, bis Sie Zeit zum Pflanzen hatten. Als sie dann langsam heranreiften, entwickelten sich schöne, runde Salatköpfe, während die Pflanzen der Nachbarin „geschossen“ waren, fürs Konsumieren fast alle unbrauchbar. Wie konnte das passieren?

Da hatte man aus den guten Dingen des Gartens wunderbare Marmeladen gekocht, die ewig haltbar waren und lange Zeit immer wieder als köstliches, willkommenes Geschenk für Freunde dienten. Im nächsten Jahr das Gleiche, die Früchte vom gleichen Baum, unter gleichen Hygienebedingungen hergestellt – und die Marmelade war schon nach wenigen Wochen verschimmelt! Was hatte man „falsch“ gemacht?

Wir lösen vielleicht diese Rätsel. Sie haben nämlich alle eines gemeinsam.

Auf den folgenden Seiten geht es nicht nur um Ihre Zukunft als kundige und erfahrene „Mondgärtner“, sondern auch um die Vergangenheit. Denn es gibt niemanden, der nicht schon einmal die Kräfte der Mondrhythmen zu spüren bekommen hat, zum Vorteil wie zum Nachteil. So viele unerklärliche Geschehnisse im Alltag, wie in den drei genannten Beispielen auch im Garten, finden eine einfache Auflösung, wenn man nachträglich den Zeitpunkt eines Tuns mit dem Mondkalender abgleicht.

Zahllose Leserinnen und Leser unserer Bücher haben auf diesem einfachen Weg der Rückschau Bestätigung für den Einfluss der Mondrhythmen erhalten. Und sich gleichzeitig Inspiration und Mut geholt, um das Wissen auch in Zukunft anzuwenden und vielleicht anhand eines Jahreskalenders einen Zeitplan fürs Gartenjahr erstellt. Die folgenden Regeln für fast alle Tätigkeiten im Garten werden Ihnen dabei hilfreich zur Seite stehen und können als „Ausfüllhilfe“ dienen.

Sie werden sich nun vielleicht fragen, was Sie erwarten können, wenn Sie den richtigen Zeitpunkt fürs Pflanzen, Setzen und Säen wählen oder den ungünstigen Zeitpunkt „erwischen“?

Sollten Sie einen GÜNSTIGEN Zeitpunkt wählen, bekommen die Pflanzen kräftige Blätter, Blüten und Samen. Gemüse wird widerstandsfähiger gegen Unwetter, Trockenheit und Ungeziefer. Die Lagerfähigkeit ist stark erhöht und nicht zuletzt gewinnen die Erntefrüchte an Geschmack und Aroma. Mit der Wahl des Tierkreiszeichens können Sie zudem entscheiden, welchen Pflanzenteil Sie begünstigen wollen.

Zum UNGÜNSTIGEN Zeitpunkt werden viele Pflanzen weniger bereitwillig anwurzeln oder später bei stärkerem Stress, bei Regenmangel oder Ähnlichem leiden oder eingehen. Die Pflanzen sind windempfindlich, verfügen über zu wenig Abwehrkräfte gegen Hitze und Ungeziefer. Der Ertrag bleibt unter den Erwartungen. Die Früchte und Gemüse schmecken oft erdig, fade und wässrig.

Pflanzen, Setzen und Säen von oberirdisch wachsenden Pflanzen und Gemüsesorten
(mit Ausnahme von Kopfsalat und anderen schießenden Pflanzen)

„Oberirdisch" wachsende Pflanzen und Gemüsesorten? Jede Pflanze hat ober- und unterirdische Teile, aber mit „oberirdisch" ist gemeint, dass der später zur Ernte erwünschte Pflanzenteil oberirdisch wächst – also Früchte, Samen, Blätter und Blüten, nicht jedoch die Wurzeln. Sät und pflanzt man zum passenden Zeitpunkt, regt das alle Energien in der Pflanze an, nach oben zu steigen und oberirdisch kräftig zu gedeihen. Bei abnehmendem Mond gesetzt, wandert dagegen die Kraft nach unten und die Pflanzen erhalten kräftige Wurzeln. Radieschen beispielsweise lassen bei zunehmendem Mond oberirdisch saftiges Grün gedeihen, während man nur rote Kügelchen erntet, die obendrein schnell verderben.

GÜNSTIG
Bei ***zunehmendem Mond.***
Alternativ: von Zwillinge bis Schütze, außer Krebs, unabhängig von der Mondphase.

UNGÜNSTIG

Bei ***abnehmendem Mond*** inklusive **Neumond.**

Tipps und Anmerkungen

› *Früchte: Für das Setzen und Säen sollten Sie einen Fruchttag wählen: Widder, Löwe oder Schütze.*

› *Blattgemüse (Spinat, Lauch und so weiter) wird am besten gesetzt und gesät, wenn ein Blatttag im Kalender steht: Krebs, Skorpion oder Fische.*

› *Blumen und die meisten blühenden Heilkräuter: Dafür eignet sich ein Blütentag gut: Zwillinge, Waage oder Wassermann im zunehmenden Mond.*

› *Salatköpfe und Tomaten: Tomaten können Sie zu jeder Mondphase setzen, hier sind die Tierkreiszeichen wichtiger, an denen Sie pflanzen. Idealerweise sind das die Fruchttage Widder, Löwe und Schütze. Würden Sie Tomaten an Blütentagen (Zwillinge, Waage, Wassermann) setzen, blühen Ihre Tomaten noch wunderschön, während der Nachbar schon erntet. Die Salatregeln finden Sie auf Seite 42.*

Pflanzen, Setzen und Säen von unterirdisch wachsendem Gemüse

IDEAL
Bei **abnehmendem Mond** in Widder, Löwe oder Schütze.

GÜNSTIG
Bei **abnehmendem Mond** inklusive **Neumond,** außer bei Krebs und Fische.

UNGÜNSTIG
Bei **zunehmendem Mond** inklusive **Vollmond** und immer bei Krebs und Fische.

Tipps und Anmerkungen

› *Spezialfall Kartoffeln: Sehr fein wäre hier fürs Setzen der abnehmende Mond im Tierkreiszeichen Fische, günstig wirkt sich aber generell der abnehmende Mond aus, außer in Skorpion. Ungünstig ist der zu-*

nehmende Mond inklusive Vollmond und generell das Tierkreiszeichen Skorpion. Wenn das Tierkreiszeichen Fische im Mondkalender genau drei Tage nach Vollmond auftaucht, ist das der absolut ideale Zeitpunkt, um Kartoffeln zu setzen. Dies kommt jedoch nur selten vor.

Zwei Tipps: Besonders in kühlen Klimaregionen kommen Kartoffeln viel schneller, wenn – statt im April – erst im Mai gesetzt wird. Ein alter Spruch lautet: „Setz mi im Mai, komm i glei. Setz mi im April, komm i, wann i will." Und wenn Sie Kartoffeln immer paarweise setzen, „rivalisieren" sie miteinander und die Ernte wird reicher.

Pflanzen, Setzen und Säen von fruchttragenden Bäumen, Sträuchern und Pflanzen

IDEAL
Bei ***zunehmendem Mond*** in Widder, Löwe oder Schütze.

UNGÜNSTIG
Bei ***abnehmendem Mond*** inklusive **Neumond.**

SCHLECHT

Bei ***abnehmendem Mond*** inklusive **Neumond** an Krebs, Skorpion, Fische.

Tipps und Anmerkungen

› Im Gegensatz zur Meinung fast aller „Ratgeber" müssen Tomaten im Freien nicht bewässert werden und benötigen auch keinen Regenschutz, pflanzt man sie zum richtigen Zeitpunkt. Wir hängen sie nicht einmal auf, weil starker Wind die Stauden abknicken würde. So können Sie bequem am Boden entlangwachsen. Sollte zu wenig Unkraut als Bodendecker wachsen und die Tomaten deshalb ungeschützt bleiben, streuen wir ein wenig Stroh unter die Stauden. Den Rest überlassen wir der Natur, den Regenwürmern und anderen freundlichen Helfern. Wir haben immer bis in den Advent hinein frische Tomaten!

Pflanzen, Setzen und Säen von Blattgemüse
(mit Ausnahme von Kopfsalat und anderen schießenden Pflanzen)

IDEAL
Bei **zunehmendem Mond** in Skorpion oder Fische.

GÜNSTIG
Bei **zunehmendem Mond**, mit Ausnahme von Zwillinge, Wassermann und Fische.

UNGÜNSTIG
Bei **abnehmendem Mond** inklusive **Neumond** und **Vollmond** und immer an Zwillinge, Waage und Wassermann.

Tipps und Anmerkungen

› *Wenn eine Salatpflanze „schießt", bedeutet das, dass sie zu schnell von der Blatt- in die Samenbildung übergeht. Das kann so schnell geschehen, dass man keine brauchbaren Köpfe ernten kann. Geschossener Salat ist zwar anfangs noch genießbar, aber viele seiner Blätter sind bitter, weil die Pflanze bei der Samenbildung Abwehrstoffe gegen Schädlinge bildet. Auslöser einer vorzeitigen Samenbildung ist oft Stress, etwa durch zu große Hitze, was die Pflanze veranlasst, sich so schnell wie möglich zu vermehren. Ein Hauptgrund aber ist der falsche Zeitpunkt des Säens und Setzens. Und davon ist jetzt die Rede:*

Pflanzen, Setzen und Säen von kopfenden Pflanzen
(wie Kopfsalat, Weiß- und Rotkraut)

IDEAL
Bei ***abnehmendem Mond*** in Waage oder Skorpion.

GÜNSTIG
Bei ***abnehmendem Mond***,
außer Jungfrau und Schütze.

UNGÜNSTIG
Bei ***zunehmendem Mond*** inkl. ***Neu-*** u. ***Vollmond.***

SCHLECHT
Bei ***zunehmendem Mond*** inklusive ***Neumond***
und ***Vollmond*** in Jungfrau und Schütze.

Pflanzen, Setzen und Säen von Blumen und Blütensträuchern

IDEAL

Bei ***zunehmendem Mond*** in Zwillinge, Waage und Wassermann.

GÜNSTIG

Bei ***zunehmendem Mond***, außer Schütze.

UNGÜNSTIG

Bei ***abnehmendem Mond*** inklusive ***Neumond*** und ***Vollmond*** und immer an Schütze.

SCHLECHT

Bei ***abnehmendem Mond*** in Schütze.

Tipps und Anmerkungen

Viele Ecken und Nischen im Garten eignen sich ideal für das Setzen und Pflegen von Blumenkissen und Polstergräsern. Erfahrene Gartenfreunde wissen: Manchmal kommt es in solchen Kissen zur „Nest-

bildung". Sie fallen in der Mitte auseinander, werden unschön und anfällig fürs Austrocknen. Unser Tipp: Krebs im zunehmenden Mond ist ein idealer Zeitpunkt zum Anlegen solcher Kissen, weil alles schön dicht wächst und wuchert. Diese Regel können Sie sich bei allen wuchernden Pflanzen, bei Sträuchern und Gräsern zunutze machen, wenn Sie die Wuchsrichtung beeinflussen wollen. Bei zunehmendem Mond im Krebs schneiden Sie dort ein wenig zurück, wohin sich die Pflanze entwickeln soll. Das regt das Wachstum stark in diese Richtung an.

*

Natürlich gibt die Wahl des richtigen Zeitpunkts beim Säen, Setzen und Pflanzen keine hundertprozentige Erfolgsgarantie. Einige weitere Faktoren mischen mit – angefangen bei den Wetterverhältnissen bis zur Bodenbeschaffenheit. Eine Gartenfläche, die vor kurzem noch industriell landwirtschaftlich genutzt worden ist, braucht einige Zeit, bis die Ernte „echte" Lebensmittel hervorbringt.

„Fruchtfolge", das Abwechseln der angebauten Pflanzenarten, ist eines der Geheimnisse erfolgreicher Gärtner und Landwirte. Als besonders günstig erweist sich eine Fruchtfolge, bei der im jährlichen Wechsel oberirdische und unterirdische Gemüse und Feldfrüchte angebaut werden.

Nicht zuletzt ist die Wahl der Pflanzennachbarschaft von ausschlaggebender Bedeutung für den Erfolg. Hier einige Anregungen:

Besonders günstige Pflanzengemeinschaften

Karotten neben Zwiebeln
Salat neben Radieschen
Tomaten neben Zwiebeln
Erbsen neben Sellerie
Tomaten neben Petersilie
Kartoffeln neben Kohlarten

Günstige Gemeinschaften

Gurken vertragen sich mit:
Zwiebeln, Stangenbohnen, Sellerie, roten Rüben, Petersilie, Kopfsalat, Kohlrabi, Kohlarten, Buschbohnen

Kartoffeln vertragen sich mit:
Spinat, Buschbohnen, Kohlrabi, Dill

Sellerie verträgt sich mit:
Buschbohnen, Spinat, Zwiebeln, Stangenbohnen, Tomaten, Lauch, Kohlrabi, Kohlarten, Gurken

Petersilie verträgt sich mit:
Tomaten, Zwiebeln, Radieschen, Gurken

Tomaten vertragen sich mit:
Sellerie, Spinat, Zwiebeln, Petersilie, Kohlarten, Kohlrabi, Kopfsalat, Lauch, Buschbohnen, Karotten

Spinat verträgt sich mit:
Tomaten, Stangenbohnen, Erdbeeren, Kohlrabi, Karotten, Kartoffeln, Kohlarten

Kopfsalat verträgt sich mit:
Zwiebeln, Tomaten, Stangenbohnen, Buschbohnen, Radieschen, Rettich, Dill, Erbsen, Gurken, Erdbeeren, Karotten, Kohlarten, Lauch

Zwiebeln vertragen sich mit:
Tomaten, Erdbeeren, Gurken,
Petersilie, Kopfsalat, Kohlrabi

Erdbeeren vertragen sich mit:
Karotten, Lauch, Kohlarten,
Rettich, Radieschen, Kopfsalat,
Spinat, Zwiebeln

Besonders ungünstige Gemeinschaften

Bohnen neben Zwiebeln
Petersilie neben Kopfsalat
Kohl neben Zwiebeln
Rote Rüben neben Tomaten
Kartoffeln neben Zwiebeln
Tomaten neben Erbsen
Blaukraut neben Tomaten
Erbsen neben Bohnen

Das GARTENJAHR begleiten
Der RICHTIGE ZEITPUNKT im Jahreslauf

Umtopfen und Umsetzen

Viele Pflanzenfreunde mussten schon erleben, dass manchmal weder grüner Daumen noch die beste neue Erde etwas nützten und die Pflanze nach dem Umzug schwächelte oder gar einging. Die Kunst, den richtigen Zeitpunkt zu wählen, ist hier meistens die beste Medizin.

Nötig wird ein Umtopfen und Umsetzen meist durch zu kleine Pflanzgefäße, ausgelaugte Erde oder gar Baumaßnahmen. Im Garten hat man es ja oft mit Sträuchern und Blumen zu tun, die auf Wanderschaft gehen müssen. Vielleicht hat man anfangs die Pflanzen zu eng gesetzt, ohne zu bedenken, wie schnell ein Bäumchen zum Riesen werden kann. In einem solchen Fall ist eben ein kleiner Umzug nötig, bei dem der Mond mithelfen kann.

Wichtig: Die folgende Regel gilt nicht für das Umsetzen von Gemüsepflanzen, weil diese in der Regel „pikiert“ werden (siehe Seite 53).

IDEAL

Generell bei ***Jungfrau.***

GÜNSTIG

Bei ***zunehmendem Mond*** inklusive ***Vollmond,*** mit Ausnahme von Wassermann und Fische.

Wenn Sie einen günstigen Zeitpunkt wählen, haben Sie beste Chancen, dass alles wieder gesund anwächst und Wurzeln bildet. Die Pflanze erholt sich sofort, sie „verweigert" nicht die Nahrung, Wachstumsstörungen bleiben aus. Blüten, Stängel und Blätter bleiben straff, die Pflanze merkt kaum, dass sie umgezogen ist.

UNGÜNSTIG

Bei ***zunehmendem Mond*** in Wassermann, bei ***abnehmendem Mond*** inklusive **Neumond**.

SEHR UNGÜNSTIG

Bei ***abnehmendem Mond*** in Wassermann u. Fische.

Zum ungünstigen Zeitpunkt braucht die Pflanze viel Kraft, um sich vom Umzugsschock zu erholen. Manchmal ist sie beleidigt und geht früher oder später ein. Auch Blumen und Kräuter vertrocknen oft, obwohl man sie angemessen feucht gehalten hat. Die Wurzeln schließen ab und können kein Wasser mehr aufnehmen, sie verhungern regelrecht. Je älter die Pflanze, desto größer die Gefahr, dass sie die Aktion nur geschwächt oder gar nicht übersteht.

Tipps und Anmerkungen

› *Eine wichtige Faustregel: Später Nachmittag und Abend sind für das Versetzen und Umtopfen immer besser geeignet als der Morgen oder der Vormittag. Die Kräfte einer Pflanze orientieren sich nämlich auch an der Tageszeit. Von drei Uhr früh bis 15 Uhr nachmittags steigen Säfte auf, danach sinken sie bis drei Uhr früh wieder ab. Mit anderen Worten: Die Pflanze wurzelt nach 15 Uhr besser als am Morgen. Ausnahme: Steht der Mond im Tierkreiszeichen Jungfrau, ist die Beachtung der Tageszeit nicht so wichtig (außer bei älteren Pflanzen!).*

› Bei älteren Pflanzen und vor allem bei alten Bäumen ist es besonders wichtig, auf den richtigen Zeitpunkt des Verpflanzens zu achten. „Einen alten Baum verpflanzt man nicht", sagt das Sprichwort, aber wenn Sie zur rechten Zeit arbeiten, werden auch ältere Pflanzen und Bäume wieder anwachsen. Graben Sie zuerst das neue Pflanzloch, schwemmen es gründlich ein, heben Sie dann den Baum aus und vermeiden Sie unbedingt, dass Sonnenstrahlen auf das Wurzelwerk fallen – arbeiten Sie also entweder nach Sonnenuntergang oder bei trockenem Wetter und bedecktem Himmel! Später dann nur noch an Blatttagen gießen (Krebs, Skorpion, Fische), auch wenn es sich um Kübel- oder Balkonpflanzen handelte.

› Die oben genannten Umtopfregeln gelten auch für Ableger und Stecklinge. Sie wachsen rasch an und bilden in kurzer Zeit neue Feinwurzeln. Die Jungfrau-Tage eignen sich auch hier wieder am besten. Im Herbst liegt Jungfrau im abnehmenden Mond, was die Natur sehr fein eingerichtet hat, weil die Wurzeln begünstigt bleiben.

Pikieren

IDEAL
Bei ***zunehmendem Mond*** in Jungfrau.

GÜNSTIG
Bei ***zunehmendem Mond*** inklusive **Vollmond**, mit Ausnahme von Wassermann und Fische.

Wenn Sie einen günstigen Zeitpunkt wählen, steigt die Wahrscheinlichkeit, dass Sie gesunde und kräftige Pflanzen heranziehen. Nach dem Pikieren passiert es nur sehr selten, dass einige Pflanzen eingehen, andere nicht – meist gedeihen entweder alle oder keine. Sehr geeignet zum Pikieren fruchttragender Pflanzen sind die Fruchttage Löwe und Schütze oder, wenn reiches Blattwerk gewünscht wird, die Blatttage Krebs und Skorpion.

UNGÜNSTIG
Bei abnehmendem Mond inklusive Neumond und generell bei Wassermann und Fische.

SEHR UNGÜNSTIG
Bei ***abnehmendem Mond*** in Wassermann.

Zum ungünstigen Zeitpunkt können Sie oftmals erleben, dass die Pflänzchen schon kurze Zeit nach dem Pikieren schlapp am Boden liegen und eingehen. Für solche Schwächeanfälle kann das Tierkreiszeichen Wassermann verantwortlich sein. Pikieren gehört zu den Tätigkeiten, die man an Wassermann unbedingt unterlassen sollte. In unserem Gartenkalender finden Sie an diesem Tag das Hängemattensymbol, was so viel bedeutet wie „Garten und sich selbst in Ruhe lassen!“.

Rasen anlegen und einsäen

IDEAL
Bei **zunehmendem Mond** an den Löwe-Tagen.

GÜNSTIG
Bei **zunehmendem Mond** in Krebs, Skorpion oder Fische.

Wenn Sie einen günstigen Zeitpunkt wählen, wächst der Rasen kräftiger heran und ist weit widerstandsfähiger. Ein leichtes Eingießen genügt, an Krebs, Skorpion und Fische sollten Sie stärker gießen. Ein Nachsäen wird meist überflüssig. Bis er aufgeht, die Erde immer feucht halten. Nur bei Regenwetter können Sie sich das anfängliche Gießen sparen.

UNGÜNSTIG
Bei ***abnehmendem Mond*** einschließlich **Neumond.**

SCHLECHT
Bei ***abnehmendem Mond*** in Zwillinge, Waage und Wassermann.

Zum ungünstigen Zeitpunkt wächst der Rasen weniger kräftig und langsamer und ist nicht so widerstandsfähig, selbst bei regelmäßigem Eingießen. Manchmal geht er gar nicht erst auf. Ein Nachsäen ist fast immer nötig, besonders wenn Sie für das erste Einsäen Zwillinge- oder Wassermann-Tage gewählt hatten.

Tipps und Anmerkungen

Wiese statt Rasen: Streuen Sie Heublumen- oder Rasensamen Ihrer Wahl auf den Humus, rechen Sie ihn ein und walzen Sie leicht darüber oder treten Sie ihn leicht fest. Lassen Sie den Boden nicht austrocknen, bis die Gräser aufgehen. Gießen Sie danach nur noch an Krebs, Skorpion oder Fische etwas länger, aber niemals in der prallen Sonne! Später gießen Sie dann überhaupt nicht mehr. Während einer Trockenperiode ist es sinnvoller, das Gras einmal braun werden zu lassen, statt es pausenlos zu gießen. Sie schwächen damit nur das Gras und verschwenden Trinkwasser. Nach dem Regen kommt es kräftig zurück.

Rasen mähen für kräftiges Wachstum

IDEAL
Bei **zunehmendem Mond** in Krebs und Skorpion.

GÜNSTIG
Bei **zunehmendem Mond** mit Ausnahme von Zwillinge, Waage, Wassermann und Löwe.

Wenn Sie einen günstigen Zeitpunkt wählen, wächst der Rasen schnell und kräftig nach und ist widerstandsfähiger. Die Grasnarbe schließt sich schneller, Fäulnisbildung bleibt aus und der Rasen kann nicht so leicht austrocknen. Die Gräser sind unempfindlicher, wenn Kinder auf dem Rasen spielen. Auch nach einem heftigen Gewitter bleibt der Rasen stabiler.

UNGÜNSTIG

Bei ***abnehmendem Mond*** und generell an Zwillinge, Waage, Wassermann und Löwe.

Zum ungünstigen Zeitpunkt wächst das Gras weniger kräftig und langsamer heran und ist nicht so widerstandsfähig, selbst bei regelmäßigem Eingießen. Nachsäen ist in einem solchen Fall fast immer nötig, besonders wenn an Zwillinge-, Waage- oder Wassermann-Lichttagen gemäht wurde. Wenn er öfter zum falschen Zeitpunkt gemäht wurde, verschwindet der Rasen im Laufe der Zeit. Mähen Sie entweder morgens oder abends, niemals in der direkten Mittagssonne (dann auch nicht bewässern).

Tipps und Anmerkungen

› *Weil wir es immer wieder beobachten: Mähen Sie Ihren Rasen nicht in praller Sonne. Ideal wäre abends, weil sich dann die Schnittkanten schön schließen können. Gießen Sie nur anfangs an Krebs, Skorpion oder Fische – später überhaupt nicht mehr. In praller Sonne bewässern, lässt zahllose kleine „Lupen" den Rasen verbrennen, also ebenfalls besser abends oder nachts wässern (wenn überhaupt). Viel besser ist es, während einer Trockenperiode das Gras einmal braun werden zu lassen.*

› *Manche mähen den Rasen absichtlich nur bei abnehmendem Mond, um sein Wachstum zu verlangsamen, beziehungsweise um nicht so oft mähen zu müssen. Das ist keine gute Idee, denn der Rasen bekommt kahle Stellen und verschwindet schließlich ganz (nur an Fische mähen, macht den Rasen dünn).*

› *Ist Ihr Rasen zu wenig belüftet, können Sie Regenwürmer zu sich einladen. Am besten legen Sie irgendwo an einer schattigen Stelle im Garten ein Holzbrett auf den Boden, und schon vermehren sich die guten Geister.*

Pflanzenernährung und Düngen

Wenn Sie nur eine einzige Tätigkeit im Garten – nämlich den Pflanztermin – zum richtigen Zeitpunkt ausführen, haben Sie schon fast alles getan, damit die Pflanze gesund und robust heranwächst. Die Pflanze holt sich aus der Erde und der Luft alles, was sie braucht. Studien an Wüstenpflanzen haben ergeben, dass über 50 Prozent der in ihnen enthaltenen Mineralien gar nicht im Boden zu finden sind, in den sie ihre Wurzeln versenken.

Natürlich abgelagerter Kompost (Kompostieren siehe Seite 69), bei abnehmendem Mond ausgebracht, reicht als Pflanzennahrung in der Regel völlig aus. Sobald Sie in den Gartenbeeten eine „Fruchtfolge“ (Abwechseln der Pflanzen) einhalten, muss das nicht einmal jährlich geschehen.

> IDEAL
> Ein Tag nach **Vollmond**, wenn nicht an Zwillinge, Waage oder Wassermann.
>
> GÜNSTIG
> Bei ***abnehmendem Mond.***

Wenn Sie einen günstigen Zeitpunkt wählen, können Erde und Pflanzen den Dünger optimal aufnehmen. Die Nährstoffaufnahme kann dosiert ablaufen, ein Schnellwuchs von Wassertrieben bleibt aus. Sie können Naturdünger den Vorzug geben und auf Chemie völlig verzichten.

UNGÜNSTIG
Bei ***zunehmendem* Mond** und bei **Neumond**.

Zum ungünstigen Zeitpunkt belastet Düngen das Grundwasser, weil die Erde den Dünger schlecht aufnimmt. Im Freiland bleibt er liegen oder wird ins Grundwasser gewaschen. Fruchtpflanzen werden später oft wässrig oder „verbrennen".
An Zwillinge, Waage und Wassermann gedüngte mehrjährige Pflanzen werden anfällig für Krankheiten und Ungeziefer, schwächeln und verfaulen. Besonders Läuse machen sich dann gerne breit.

Tipps und Anmerkungen

› *Achten Sie beim Düngen auf den Mondstand und beobachten Sie, wie gut die Erde bei abnehmendem*

Mond die Pflanzennahrung aufnimmt. Das gilt auch für alle Zimmer- und Balkonpflanzen.

› Hungrige Pflanzen (auch „Starkzehrer“ genannt, dazu gehören etwa Mais, Sellerie oder Sonnenblumen) brauchen viel Nahrung und entziehen dem Boden eine Menge Energie. Hier empfiehlt es sich, ein Jahr lang nichts nachzubauen. Ansonsten genügt es, den ohnehin anfallenden Kompost zu verteilen.

› Spezialfall Löwe-Tage: Sie sind auch bei abnehmendem Mond nicht gut zum Düngen geeignet, weil Boden und Pflanzen dann schneller austrocknen. Düngen Sie an Löwe deshalb nur, wenn die Erde von Haus aus sehr feucht ist.

Jäten und Unkrautregulierung

Wenn der Erde ein bestimmter Stoff fehlt, und damit auch der „Nutz-Pflanze“, dann hat die Natur in ihrer Weisheit eine passende Medizin: Sie schickt eine andere Pflanze, die den Mangel ausgleicht. Jedes Unkraut liefert genau jene Spurenelemente und

Mineralien, die der Boden braucht, um vollwertige, wertvolle Frucht zu tragen. Mit der Beseitigung von Unkraut verstärken wir die Mangelerscheinungen eines Bodens und damit automatisch die Mangelerscheinungen im Körper, die folgen, wenn wir das dort angebaute Gemüse essen.

Ein gespritzter und chemisch gedüngter Apfel ist in den Augen der Natur wie ein fremder Krankheitserreger in ihrem perfekten Körper und muss deshalb bekämpft werden. Sie möchte uns vor einem solchen schädlichen Kunstprodukt beschützen, deshalb bekämpft sie ihn. Unkraut und Schädling – das ist ein Ausdruck der Freundschaft und Weisheit der Natur im Umgang mit uns! Sie möchte uns Gutes tun und vor Schaden bewahren.

Pflanzen brauchen Erde. Ohne Pflanzen keine fruchtbare Erde. Ohne Erde – das nennt man Wüste. Diesen einfachen, grundlegenden Zusammenhang vor Augen und schon erscheinen unerwünschte Pflanzen in Ihrem Garten vielleicht in einem anderen Licht. Denken Sie an jene Beobachtungen und Zusammenhänge, wenn Sie sich an die Unkrautabwehr machen. Vielleicht wird sie sogar zur lohnenden Beschäftigung, wenn Sie etwa Brennnesseln sammeln und trocknen, um sich deren große Heilkräfte zunutze zu machen. Natürlich ist nicht jedes Unkraut ein Heilkraut, und oftmals gibt es doch gute Gründe für den Wunsch, das Kraut möge nach dem Jäten oder Ausreißen nicht wiederkehren, deshalb hier eine Hilfestellung:

> IDEAL
> Bei ***abnehmendem Mond*** im Tierkreiszeichen Steinbock.
>
> GÜNSTIG
> Bei ***abnehmendem Mond*** inklusive **Neumond**, außer Löwe.
>
> Wenn Sie einen günstigen Zeitpunkt wählen, kommt die unerwünschte Pflanze kaum noch nach oder bleibt ganz aus. Das Wurzelwerk lässt sich leichter aus dem Boden ziehen.
>
> Die Pflanzen nur abzureißen, genügt nicht, aber selbst dann wachsen sie nicht mehr so stark nach. Nutzpflanzen gewinnen mehr Raum und Nahrung. Die Nutzpflanzen beim Jäten zum richtigen Zeitpunkt nicht verletzen, weil sie sonst eingehen können!

UNGÜNSTIG

Bei ***zunehmendem Mond*** inklusive **Vollmond**.

SCHLECHT

Bei ***zunehmendem Mond*** im Tierkreiszeichen Löwe.

Zum ungünstigen Zeitpunkt kommt das Unkraut schnell wieder nach und wächst sogar noch intensiver. Die Arbeit zum falschen Zeitpunkt weckt jeden schlummernden Unkrautsamen und macht Ihre Mühen schon nach kurzer Zeit zunichte. Wurzelteile bleiben im Boden und können neu austreiben, verzweigen sich und nehmen den Nutzpflanzen zu viel Raum und Nahrung.

Tipps und Anmerkungen

› Vielleicht sollten wir das Wort „Unkraut" nicht mehr verwenden, sondern die Pflanzen als natürliche Reaktion der Natur betrachten. Ausnahmslos alles, was die Natur tut, tut sie für uns. Jede ihrer Erscheinungen und Bewegungen ist ihre Form des Sprechens mit uns. Gentechnik in der Landwirtschaft hat nur deshalb eine Chance, weil wir nicht die Geduld haben,

diese Sprache zu verstehen. Erst wenige Prozent aller Kräuter sind auf ihre Heilwirkung untersucht – da pfuschen wir schon im Erbmaterial herum wie ein Hufschmied, der eine Schweizer Uhr repariert. Beikräuter sanft zu lenken, hier und da ein Zuviel auszujäten, das ist sicher der bessere Weg.

Vom Umgang mit Schädlingen

Im Jahre 1940 verwendeten die Bauern weltweit kaum Pestizide. Damals zerstörten Schädlinge im Durchschnitt etwa 3,5 Prozent der Ernte. Das ist genau jener Anteil, der den Schädlingen auch von Natur aus zukommt, denn Schädlinge sind ja nur dann „Schaden bringend", wenn die Landwirtschaft von der Natur 100 Prozent Ertrag fordert. Das ist, als ob ein Kaffeetrinker sich jedes Mal grün und blau ärgert, wenn er den Kaffeesatz wegwerfen muss, weil ja „noch ein bisschen Kaffee drin ist".

Und wie sieht die Gegenwart aus? Heute wird die tausendfache Menge Pestizide pro Flächeneinheit versprüht. Die Ernteverluste stiegen gleichzeitig um fast das Vierfache auf heute zwölf Prozent. Diese

Steigerung des Verlustes erkaufen wir obendrein mit weiträumiger Luft-, Boden- und Wasservergiftung und somit vielen Krankheiten.

Geduld und der richtige Zeitpunkt sind die beste „Schädlingsbekämpfung“. Wir wollen Ihnen keinen Weg zur Vollkommenheit weisen, sondern zu ein wenig mehr Heiterkeit und Gelassenheit angesichts der Unvollkommenheit. Was Ihre Pflanzen betrifft: Achten Sie im nächsten Jahr auf den richtigen Zeitpunkt und die optimale Pflanzennachbarschaft, so werden Sie meist gar nicht in Versuchung kommen, zu Giften zu greifen.

Schädlingsbekämpfung – ***oberirdisch***

IDEAL

Bei ***abnehmendem Mond*** in Krebs.

GÜNSTIG

Bei ***abnehmendem Mond*** und von Zwillinge bis Schütze, unabhängig von der Mondphase.

SCHLECHT

Bei ***zunehmendem Mond.***

IDEAL

Bei ***abnehmendem Mond*** in Stier, Jungfrau und Steinbock.

GÜNSTIG

Bei ***abnehmendem Mond*** und **Neumond**.

Wenn Sie einen günstigen Zeitpunkt wählen, können Sie auf Erfolg hoffen und vor allem auf den Einsatz von Giften verzichten. Sie bekamen nur deshalb eine Chance, weil herkömmliche Methoden oft nicht helfen, wenn man den richtigen Zeitpunkt nicht berücksichtigt.

SCHLECHT

Bei ***zunehmendem Mond***.

Zum ungünstigen Zeitpunkt wirkt Ihre Arbeit oft wie eine freundliche Einladung an die Schädlinge. Manchmal nehmen auch die „beschützten“ Pflanzen Schaden und man hat doppelte und dreifache Arbeit. Vergessen Sie niemals: Schädlinge sind oftmals große „Nützlinge“, weil sie eine klare

Botschaft an uns senden. Nur wenn die Natur aus dem Gleichgewicht ist, treten sie gehäuft auf. Wird der Boden ausgebeutet, will die Natur auf diese Weise einen Ausgleich schaffen.

Tipps und Anmerkungen

› *Die richtige Pflanzengemeinschaft trägt viel dazu bei, Schädlinge von vorneherein abzuwehren. Heute nennt man das „Mischkultur". Es ist ein großer Vorteil, wenn sich Pflanzen gegenseitig helfen können, die Schädlinge in Schach zu halten (siehe Seite 45).*

› *Bei Bäumen und Sträuchern hilft zur Gesundung manchmal nur ein radikaler Rückschnitt. Er sollte unbedingt weit im abnehmenden Mond oder idealerweise direkt bei Neumond erfolgen. In den meisten Fällen erholt sich die Pflanze dann wieder.*

› *Welche Maßnahmen zur unmittelbaren Bekämpfung von Schädlingen am besten geeignet sind, dafür fehlt hier der Raum. Zudem wirken je nach Pflanze und Schädlingsart ganz unterschiedliche Mittel. Es würde zu weit führen, sie hier alle aufzuzählen (Detailinfor-*

mationen finden Sie in unserem Buch Der lebendige Garten). *Außerdem ist Geduld oft die beste Art der Schädlingsbekämpfung. Jedes Problem lässt sich lösen – bei Ihrer Topfpflanze, in Familie, Beruf und Alltag –, wenn Denken und Fühlen etwas mehr im Einklang mit den tatsächlichen Abläufen in der Natur stehen und alles von Liebe und Vernunft begleitet wird.*

Komposthaufen ansetzen

Kompostieren ist die älteste Form des „Recyclings“ und eine der wirksamsten und wertvollsten. Wie sehr das in Vergessenheit geraten ist, kann man erkennen, wenn Komposttonnen verkauft werden, die unten geschlossen sind und somit keinen Kontakt zur Erde haben – was den Regenwürmern die Arbeit verwehrt! Und alljährlich im Herbst kann man beobachten, dass überall aus den Gärten das Laub fortgekarrt wird. Dabei wäre es im Wurzelbereich der beste Dünger für den Baum, der es abgeworfen hat. Nur wo das Laub wirklich stört, sollte man es entfernen und vielleicht auf den Kompost geben.

IDEAL

Bei ***abnehmendem Mond*** in Stier, Jungfrau und Steinbock.

GÜNSTIG

Bei ***abnehmendem Mond***, außer Löwe.

Wenn Sie den richtigen Zeitpunkt einhalten, verrottet der Abfall schneller zu Kompost. Es wird kein schädliches Ungeziefer angelockt. Die Regenwürmer freuen sich und beginnen mit der Produktion von fruchtbarer Erde. Es entstehen keine Gerüche, auch die Wildtiere lassen den Kompost in Ruhe – deshalb besteht auch keine Gefahr, dass Ratten angelockt werden.

UNGÜNSTIG

Bei ***zunehmendem Mond*** und generell in Löwe.

Zum ungünstigen Zeitpunkt und mit der falschen Methode verrottet alles zu langsam, Fäulnis setzt ein und Ungeziefer macht sich breit. Der langsame Abbau erzeugt Schimmelnester, sodass der Komposthaufen sich in eine übel riechende Halde verwandelt.

Tipps und Anmerkungen

› *Der Aufbau eines Kompostkastens aus unbehandelten Holzbrettern und das Ansetzen des Komposthaufens sollten bei abnehmendem Mond erfolgen. Sollte sich der Komposthaufen zu schnell füllen (Grasschnitt, Laub), stampfen Sie ihn bei zunehmendem Mond fest, am besten einige Tage vor Vollmond. Manchmal hilft es auch, den Kompost mit dem Gartenschlauch zu gießen. Künstliche Verrottungshilfen sind unnötig, die Natur hilft sich selbst.*

› *Sie sollten nur wirklich geeignete Dinge auf den Kompost geben, die verrotten können – nämlich alle pflanzlichen Abfälle, im Rohzustand und unbelastet von Schadstoffen.*

› *Geeignete Abfälle: Alle frischen Küchenabfälle, Frucht- und Gemüseabfälle, nicht essbare Salatblätter, Kartoffelschalen und Ähnliches, überreife heimische Früchte und Gemüsesorten, Grasschnitt (aber nur dosiert, eine Schicht von fünf bis zehn Zentimetern genügt), Teekraut, verbrauchte Teebeutel und Kaffeesatz samt biologischem Papierfilter und so weiter. Was keinesfalls auf den Kompost darf: Speisereste von gekochten Lebensmitteln, und zwar ohne Ausnahme! Speisereste (Fleisch, Käserinden) locken früher oder später unerwünschtes Ungeziefer und Ratten an. Abfälle von exotischen Früchten wie Zitrusfruchtschalen, Bananen- oder Kiwischalen sind ebenfalls ungeeignet, ebenso Kohlstrünke (sie ziehen Drahtwürmer an!). Katzensand und -streu gehören aus gesundheitlichen Gründen auf gar keinen Fall auf den Kompost. Auch Disteln, Rosen- und Brombeerzweige nicht, weil die Stacheln/Dornen nicht schnell genug verrotten und man sich später daran verletzen kann.*

› Lassen Sie den Kompost mindestens ein Jahr lang in Frieden, jedes vorzeitige Aufgraben und Umschichten würde die Umwandlungsprozesse nur bremsen. Nach einem Jahr kann er durchgesiebt und sofort als Erde für Topfpflanzen oder im Garten verwendet werden.

Veredeln und Pfropfen

„Veredeln“ – das ist eine alte Methode, die bei den meisten Obstarten zum Zug kommt. Dabei wird ein „Edelreis“, ein Zweig der gewünschten Sorte, mit einer „Unterlage", also einem bereits vorhandenen Stamm, vereint. Meist ist das eine „unedle", aber wuchskräftige Basispflanze. Angestrebt wird ein gesundes und kraftvolles Wachstum verbunden mit größerer Widerstandskraft. Bei Beachtung der einfachen Regel kann diese Tätigkeit jedem gelingen:

IDEAL

Bei ***zunehmendem Mond*** an Widder, Löwe oder Schütze – möglichst nahe an **Vollmond** veredeln! Man sagt: Die Anzahl der Tage bis Vollmond entspricht der Anzahl der Jahre, die der Baum braucht, um Früchte zu tragen.

GÜNSTIG

Bei ***zunehmendem Mond.***

Wenn Sie einen günstigen Zeitpunkt wählen, können Sie auf einen guten Ernteertrag hoffen. Das Edelreis verbindet sich problemlos mit dem Untergrund und wächst kräftig heran, ohne Wucherungen. Der Baum bekommt viele weibliche Blüten, die auch befruchtet werden. Die spätere Fruchtbildung wird angeregt. Auch ist der Baum unempfindlicher gegen Spätfröste.

UNGÜNSTIG
Bei ***abnehmendem Mond*** inklusive **Neumond** und **Vollmond**.

SCHLECHT
Bei ***abnehmendem Mond*** in Krebs, Skorpion oder Fische. Edelreiser nicht vor dem 21. Januar schneiden!

Zum ungünstigen Zeitpunkt wird das Reis meistens abgestoßen, die Schnittflächen trocknen zu schnell, bevor sich die Lebenskräfte verbinden können. Die falschen Impulse werden gefördert: So tauchen zum Beispiel viele männliche Blüten auf, die nach der Blütezeit – auch ohne Frosteinwirkung – abfallen. Manchmal wuchern die Blätter so stark, dass die wenigen Früchte kaum Licht bekommen und verkümmern.

Hecken schneiden

Hecken als lebendige Zäune sind etwas sehr Schönes und Praktisches. Nicht nur fürs Auge wirkt ihr sattes Grün beruhigend, oftmals sind sie weit und breit das einzige Fleckchen Grün, das die Stadt zu bieten hat. Sie gewähren einer Vielfalt von Kleingetier und Vögeln Schutz.

Ein Heckenschnitt ist sinnvoll, ja sogar teilweise gesetzlich vorgeschrieben, wenn sich die Hecke auf öffentlichen Grund ausdehnt. Die gute Nachricht: Der Mond kann bei der Heckenpflege eine große Hilfe sein. Hecken sollen schön dicht sein, nicht verholzen, keine Lücken entwickeln und eine wunschgemäße Höhe erreichen. Nach dem Mondrhythmus lässt sich das mühelos schaffen.

IDEAL
Krebs, Skorpion oder Fische, wenn kurz vor **Neumond**.

GÜNSTIG
Abnehmender Mond in Krebs, Skorpion und Fische.

Wenn Sie einen günstigen Zeitpunkt wählen, bleibt die Hecke lebendig und verholzt nicht, das Blattwerk wächst schön dicht. Das Risiko der Lückenbildung ist gering. Zwischen verschiedenen Buscharten bilden sich schöne Übergänge.

UNGÜNSTIG
Bei ***zunehmendem Mond***.

SCHLECHT
Zunehmender Mond oder **Vollmond** in Stier, Jungfrau und Steinbock.

Zum ungünstigen Zeitpunkt bekommen Hecken im Laufe der Zeit große Lücken und werden empfindlich gegenüber Stürmen. Sie verholzen nach und nach und sterben ab. Stärkere Stämme lassen sich dann nicht problemlos zurückschneiden. Manchmal löst sich eine Hecke ganz auf, schneidet man sie wiederholt zum falschen Zeitpunkt. Schädlinge machen sich so sehr breit, dass die Hecke abstirbt.

Tipps und Anmerkungen

Ein kleines Problem, das sich bei Hecken nach Jahren einstellt, ist das Verholzen von unten her. Das Blattwerk dünnt sich aus, die Stämme werden unten dicker und lichter. Die Hecke kann ihre Funktion als Sicht- oder Windschutz nicht mehr so gut erfüllen. Dagegen gibt es ein fast unfehlbares Rezept: Schneiden Sie in Abständen von etwa einem Meter eine kleine Schneise am Boden aus. Nicht zu breit, damit die Hecke keine „Zahnlücken“ bekommt, nicht zu tief am Boden, damit hinterher wieder alles schön und jung austreibt. Mit Gefühl eben. Sobald junges Blattwerk die Lücke geschlossen hat, genau daneben mit der gleichen Prozedur fortfahren. Jedoch immer nur bei abnehmendem Mond und an einem Blatttag (Krebs, Skorpion oder Fische)! Im Laufe von wenigen Monaten erhalten Sie eine frische junge Hecke, der man ihr ehrwürdiges Alter nicht mehr ansieht.

Baumspitzen schneiden

Nach einem massiven Hagelschlag finden sich in Nadelwäldern oft „abgeschossene“ Baumspitzen. Diese scheinbar geringfügige Verletzung hat manchmal massive Folgen bis hin zum Absterben des Baumes. Darüber hinaus kann es passieren, dass die betroffenen Waldabschnitte hinterher kräftiger wachsen und sogar (etwa durch sauren Regen) belastete Bäume wieder gesunden. Ob der Hagelschlag zum Absterben oder zu einer Verjüngungskur führt, hängt vom Zeitpunkt des Geschehens ab. Wählen Sie den richtigen Zeitpunkt fürs „Baumköpfen“ und Sie wenden eine hervorragende Medizin für die Behandlung kränkelnder Bäume an. Das Schneiden ist aber auch bei gesunden Pflanzen und Bäumen sinnvoll, die nicht recht gedeihen oder dichter wachsen sollen.

IDEAL

Am letzten Krebs-, Skorpion- oder Fische-Tag vor ***Neumond***.

AUCH SEHR GÜNSTIG

Ein Tag vor ***Neumond***, wenn nicht Zwillinge, Waage oder Wassermann herrscht.

Wenn Sie einen günstigen Zeitpunkt wählen, erholen sich die Bäume gut. Der Baum wird noch kräftiger. Die Schnittflächen wirken nicht schwächend, sie schließen früh genug ab. Die Nahrungsaufnahme wird begünstigt. Der Saft kann aufsteigen, ohne an der Spitze auszutreten.

UNGÜNSTIG

Bei ***zunehmendem Mond***.

SEHR SCHLECHT
Drei Tage vor **Vollmond** inklusive **Vollmond**.

Zum ungünstigen Zeitpunkt bleibt die Schnittfläche zu lange „wund" und Baumsaft fließt aus. Es entstehen Wülste, Bakterien haben ein leichteres Spiel. Die Bäume können verkümmern, eventuell sogar absterben. Die Wurzeln sind nicht mehr imstande, genügend Nahrung aufzunehmen.

Tipps und Anmerkungen

Bei Nadelbäumen entfernen Sie einfach die Spitze, knapp oberhalb eines Kranzes von mehreren Seitentrieben. Der Baum empfindet das als starken Wachstumsimpuls und wählt dann von selbst den stärksten Seitentrieb als neue Spitze. Laubgehölze beschneiden Sie so, wie man Haarspitzen schneidet: Es muss kein starker Rückschnitt sein, einige Astspitzen genügen. Ein radikaler Rückschnitt zur „Wiederbelebung" von Hecken, Bäumen und sonstigen Pflanzen bringt an Neumond ebenfalls beste Ergebnisse. Bei Obstbäumen sollten Sie zusätzlich darauf achten, dass gleichzeitig Widder, Löwe oder Schütze herrscht.

Häckseln, Mulchen und Laub rechen

Um die Humusschicht eines Gartens mit Leben zu erfüllen, schützt man oft die Erde, unter anderem durch „Mulchen" – durch das Bedecken mit organischem Material, etwa mit kleinsten Rindenstücken, Zweigresten, Stroh oder Häckselgut. Damit werden auch die unzähligen Bodenlebewesen bei Laune gehalten, die für die Entstehung der Humusschicht verantwortlich sind. Baumrinden riechen gut, sehen gut aus, machen aber auch den Boden saurer, was einige Pflanzen nicht so gut vertragen.

Sollten Sie einen großen Garten haben, lohnt sich die Anschaffung eines Häckselgeräts. Alles, was bei Ihnen an trockenen Ästen und anderem gröberen Material anfällt, schichten Sie einfach im Laufe der Zeit auf einen Haufen und lassen ihn liegen, bis alles schön trocken ist. Dann ab durch die Häckselmaschine (nicht gerade an einem Sonntag), wo Sie das Häckselgut gleich liegen lassen können. So haben Sie immer einen Vorrat an wertvollem Mulch (und an Lockerungsmaterial, wenn der Kompost einmal zu dicht und feucht geworden ist!).

Der richtige Zeitpunkt zum ***Mulchen und Laub rechen***

IDEAL

Bei ***abnehmendem Mond*** in Stier, Jungfrau und Steinbock.

GÜNSTIG

Bei ***abnehmendem Mond*** inklusive **Neumond**.

Wenn Sie einen günstigen Zeitpunkt wählen, bleibt Mulch oder Laub schön liegen, Laub kann sich organisch zersetzen und neue Erde bilden. Mulch und Laub bleiben trocken und locker. Regen kann hindurchfließen und darunter bleibt es feucht. Es kommt weder zu Schimmel noch zu stinkender Fäulnis. Gerade an steileren Plätzen sollte man unbedingt auf den richtigen Zeitpunkt achten, sonst schwemmt der erste Regen alles weg.

UNGÜNSTIG

Bei ***zunehmendem Mond*** inklusive **Vollmond**.

SCHLECHT

Bei ***zunehmendem Mond*** in Krebs, Skorpion, Fische und Jungfrau.

Zum ungünstigen Zeitpunkt verwehen Laub und Mulchmaterial, wenn starker Wind bläst. Gleichzeitig schädigt man beim Zusammenrechen oftmals andere Kleinpflanzen am Boden, das Laubwerk verfault und Schimmelnester bilden sich. Das Laub riecht unangenehm.

Der richtige Zeitpunkt zum ***Häckseln***

IDEAL

Bei ***abnehmendem Mond*** und **Neumond** in Widder, Löwe, Schütze, Zwillinge, Waage, Wassermann.

GÜNSTIG

Bei ***abnehmendem Mond*** und **Neumond**.

Wenn Sie einen günstigen Zeitpunkt wählen, bleibt das Häckselgut luftig und trocken. Sie können gleichzeitig größere Mengen verarbeiten, ohne sich Schimmel einzufangen. Holz trennt sich leichter von der Rinde. Auch die Häckselmaschine profitiert, denn die Messer verkleben nicht. Sie können das Häckselgut als Mulch sofort dort ausbreiten, wo es gebraucht wird.

UNGÜNSTIG

Bei ***zunehmendem Mond*** in Krebs, Skorpion, Fische und Jungfrau.

Zum ungünstigen Zeitpunkt neigt der Häckselgut-Haufen zu Schimmelbildung. Äste und Zweige sind elastischer, gefährliche Rückschläge treten häufiger auf. Die Zerkleinerungsmechanik verharzt stärker. Zudem ist jetzt kein günstiger Zeitpunkt fürs Mulchen, also wäre ein sofortiges Ausbringen des Häckselguts keine gute Idee.

Tipps und Anmerkungen

› Was wir nicht tun sollten: Das Herbstlaub zusammenrechen und vom Grundstück entfernen lassen, nur um dann später in die Gärtnerei zu fahren und säckeweise Erde für Garten und Topfpflanzen zu kaufen. Mit der Entfernung des Laubs unterbricht man einen Naturkreislauf, denn die Bäume brauchen die Nährstoffe, die durch die Zersetzung der eigenen Blätter in den Boden wandern.

› Ideal wäre es, das Laub zum richtigen Zeitpunkt im Mondkalender ringförmig unter den Baumkronen zu

verteilen. Schlaue Menschen warten einfach so lange, bis das Laub rascheltrocken ist, und fahren dann bei abnehmendem Mond ein paarmal mit dem Rasenmäher auf höchster Stufe darüber. Es verwandelt sich in wertvolle Gartenerde, die Wiese freut sich.

› Laub für Tierstreu, etwa Buchenlaub, sollte man zwischen Schütze und Zwillinge sammeln. Dabei das Tierkreiszeichen Fische auslassen. Wer Hühner hält, tut gut daran, Blätter vom Walnussbaum als Streu zu verwenden. Sie verhindern, dass sich in den Federn Ungeziefer breitmacht.

Obstbäume schneiden

Allüberall, in fast allen Gartenbüchern, in Kursen und Anleitungen, auch bei Bio-Gärtnern, erfahren Sie, dass der Obstbaumschnitt eine Kunst ist, die sowohl notwendig als auch schwierig zu erlernen ist, wenn der Ertrag „stimmen“ soll. Dabei wäre es so einfach: Den Baum weitgehend in Ruhe lassen und nur zum richtigen Zeitpunkt schneiden:

IDEAL

In den Wintermonaten bei ***abnehmendem Mond*** am letzten Schütze-Tag vor **Neumond**.

EIN GUTER ZEITPUNKT

Generell bei ***abnehmendem Mond*** in Löwe, Schütze oder Widder.

Wenn Sie einen günstigen Zeitpunkt wählen, verliert der Baum nicht an Kraft, die Fruchtbildung wird auf natürliche Weise angeregt und die Ernte kann jedes Jahr erfolgen. Die Anfälligkeit für Pilze und Krankheiten verringert sich. Es entsteht kein Platzmangel durch falsche Blüten. Das Obst kann reifen, ohne dass Äste brechen, es ist widerstandsfähiger gegen lange Regenphasen und gegen Trockenheit. Die Früchte sind länger haltbar.

UNGÜNSTIG

Bei ***zunehmendem Mond*** inklusive **Neumond** und **Vollmond**.

SCHLECHT

Bei ***zunehmendem Mond*** in Krebs, Skorpion, Fische, Zwillinge, Waage und Wassermann.

Zum ungünstigen Zeitpunkt wird die Fruchtbildung gehemmt, manchmal bleibt die Ernte aus. Es tauchen zu viele männliche Blüten auf, die natürlich nicht befruchtet werden. Beim geringsten Frost fallen die kleinen Früchte ab oder es verfaulen bereits die Blüten (ein länger als zwei Tage anhaltender Frost bereitet jedem Obstbaum Probleme!). Bei Sturm ist das Risiko für Astbruch erhöht. Sollte beim Schnitt gerade Vollmond in Krebs herrschen, kann sogar das Überleben des Baumes gefährdet sein!

Tipps und Anmerkungen

› *Schneiden Sie alle Äste weg, die in Richtung Baummitte wachsen. Sie kosten den Baum unnötig viel Kraft. Wir persönlich schneiden unsere Obstbäume so gut wie nie. Wir haben immer genug Früchte, und dass der Ertrag nicht jedes Jahr gleich gut ist, macht uns nichts aus. So etwas einzufordern, läge uns fern. Der richtige Zeitpunkt für den Obstbaumschnitt richtet sich natürlich auch nach den jeweiligen klimatischen Verhältnissen. Ideal ist meist die Herbst- und Winterzeit.*

Vom Umgang mit Kräutern

Gemüse, Früchte, Zierpflanzen, Kräuter – wenn man uns vor die Wahl stellen würde, in unserem Garten nur Pflanzen aus einer der vier Kategorien zu kultivieren, würden wir uns für Kräuter entscheiden. Kaum ein körperliches Gebrechen, kaum eine Krankheit, die nicht durch die Blätter, Blüten, Früchte oder Wurzeln einer in der Natur vorkommenden Pflanze gelindert oder geheilt werden kann. Der Garten, der Balkon, das Blumenfenster könnten Ihr verlässlicher Medizinschrank werden. Selbst wenn nur wenige Quadratzentimeter in einer Ein-Zimmer-Wohnung zur Verfügung stehen – neben dem einen oder anderen Blumenstock sollten Kräuter die erste Wahl bei der Bepflanzung sein.

Die verschiedensten Kräuter gehören deshalb in den Garten wie die Zündkerzen ins Automobil. Nur durch den Anbau im eigenen Garten haben Sie die Gewähr höchster Qualität. Und Sie genießen weitere große Vorteile: Kräuter gehören zu kraftvollen Schutzpflanzen für andere Garten- und Feldfrüchte.

Und das können Sie vom Mondrhythmus erwarten:

Wenn Sie einen günstigen Zeitpunkt wählen, bleiben die Kräuter viel länger haltbar und heilkräftig. Das gilt sowohl für den Sammel- als auch den Abfüllzeitpunkt. Die Kräuter bleiben schön trocken und schimmeln nicht. Ihr Aroma entfaltet sich bei der Verwendung und verflüchtigt sich nicht vorzeitig.

Zum ungünstigen Zeitpunkt besteht bei längerer Lagerzeit die Gefahr von Fäulnisbildung. Die Heilkraft lässt schneller nach oder ist gar nicht erst vorhanden, weil sich die ätherischen Öle verflüchtigt haben. Auch Ungeziefer kann die Kräuter befallen.

Kräuter sammeln

› Samen und Früchte
IDEAL: Bei **zunehmendem Mond** in Widder, Löwe und Schütze.

› Wurzeln
IDEAL: An **Vollmond**.

› Blüten
IDEAL: Bei **zunehmendem Mond** in Zwillinge, Waage und Skorpion.

› Blätter
IDEAL: Bei **zunehmendem Mond** in Skorpion.

› alle Teile
GÜNSTIG: Immer an Skorpion und bei **zunehmendem Mond**, außer in Jungfrau und Fische.

UNGÜNSTIG: Bei **abnehmendem Mond** einschließlich **Neumond.**
SCHLECHT: Bei **abnehmendem Mond** in Jungfrau und Fische.

Kräuter abfüllen und lagern

IDEAL: **Abnehmender Mond** in Zwillinge, Waage, Wassermann oder Skorpion.

GÜNSTIG: Bei **abnehmendem Mond**.

UNGÜNSTIG: Bei **zunehmendem Mond**.

SCHLECHT: Bei **zunehmendem Mond** in Krebs, Fische, Jungfrau oder an **Vollmond**.

Tipps und Anmerkungen

› Beim Kräutersammeln zum sofortigen Gebrauch ist es nicht nötig, immer auf den richtigen Zeitpunkt zu achten. Zur Behandlung gesundheitlicher Probleme schon eher.

› Zum Trocknen gehören die Pflanzen an einen schattigen Ort und sollten öfter gewendet werden (dabei Fische- und Jungfrau-Tage meiden!). Als Unterlage eignet sich natürliches, luftdurchlässiges Material

(ideal wäre ein Holzrost, aber auch Papier erfüllt die Aufgabe). Niemals auf luftdichten Folien trocknen! Pflanzen brauchen unterschiedlich lange, bis sie trocken sind. Bei zunehmendem Mond geerntete Kräuter sollten unbedingt bis in den abnehmenden Mond hinein trocknen, ehe man sie abfüllt.

› Bei vielen Heil- und Küchenkräutern (etwa Majoran, Thymian oder Rosmarin) genügt es, wenn die ganzen Pflanzen wie ein Blumenstrauß kopfunter zusammengebunden an einen luftigen Ort gehängt werden. Nach dem Trocknen legen Sie ein großes sauberes Tuch aus und rubbeln zwischen Ihren Händen die Kräuter darüber. Was herunterfällt, füllen Sie ab. Die Methode ist platzsparend, bietet einen schönen Anblick und das Aroma der trocknenden Pflanzen sorgt für ein angenehmes Raumklima. Schnell trocknende Kräuter sind dazu am besten geeignet, weil das Zusammenbinden keine Fäulnisgefahr heraufbeschwört.

Bienenzucht

Wussten Sie schon: Haustier-Besitzer leben durchschnittlich fünf Jahre länger. Dennoch: Die geliebten Hunde, Katzen etc. sind gewiss nicht die wichtigsten Tiere für uns Menschen. Das sind nämlich (neben den Regenwürmern, ohne die es keine fruchtbare Erde gäbe) die Bienen! Ohne Bienen keine Bestäubung und damit keine Nahrung, weder für Mensch noch Tier.

Unser Wissen vom „richtigen Zeitpunkt" der Bienenpflege beschränkt sich auf folgende Tipps: Bienen sollte man nur montags, mittwochs und samstags ansetzen beziehungsweise umsiedeln, nicht jedoch dienstags und donnerstags und nicht zu den Tierkreiszeichen Krebs und Löwe.

Der Mondstand spielt hier keine so große Rolle, aber bei zunehmendem Mond ist man erfolgreicher. Woher stammen Ihre Bienen und welche Vegetation herrschte dort? Dementsprechend sollte man die Lage der Bienen anpassen.

Alle Reinigungsarbeiten und die Ungezieferbekämpfung am Stock gehören ausnahmslos in die Zeit des abnehmenden Mondes. Ein Volk aufpäppeln sollte man am besten bei zunehmendem Mond.

Auffallend ist, dass der Honigertrag bei zunehmendem Mond besser ist, ebenso das Schleudern der Honigwaben.

Wenn Sie einen günstigen Zeitpunkt wählen bleibt das Bienenvolk ruhig und fleißig. Die Wächterbienen sind aufmerksam und es entsteht weniger Aufregung und Hektik. Die Tiere können sich besser auf die Nektarsuche konzentrieren, Flugrouten werden schneller entdeckt. Der Bienenstock bleibt sauberer und das Risiko für Krankheiten sinkt. Auch der Imker hat kaum Probleme mit angriffslustigen Bienen.

Zum ungünstigen Zeitpunkt nehmen die Bienen einen Stock nur zögernd oder gar nicht an. Völker wandern schneller ab. Krankheiten machen sich häufiger breit und manchmal stirbt ein Volk aus. Die Honigentnahme ist schwieriger, weil die Bienen hektischer und angriffslustiger sind. Der Honigertrag sinkt merklich.

Tipps und Anmerkungen

› *Wildbienen brauchen Raum. Ideal sind ungedüngte, „magere" Wiesen. Hohle Stängel Ihrer Gartenpflanzen am besten für sie stehen lassen, zum Beispiel Liebstöckel.*

› *Der gute Zeitpunkt fürs Honigschleudern: Entnehmen Sie die Waben in aller Frühe am Morgen oder zeitig am Vormittag, die Bienen sind dann träge und erdulden das Abfegen von der verdeckelten Wabe leichter. Wenn zu viel Unruhe entsteht, sollte man den nächsten Stock nicht anrühren! Ideal wäre es, die Wabe direkt vom Stock in die Schleuder zu bringen, um die Stockwärme zu nützen.*

› *Das Einflugloch am Stock sollte in Richtung Sonnenaufgang weisen, vielleicht ein wenig nach Südost. Ein Schutz vor der Mittagshitze durch Schatten spendende Sträucher oder Bäume ist wünschenswert. Nur sehr selten ist eine nördliche Ausrichtung der Stöcke empfehlenswert. Auch sollte das Flugloch nicht in eine Richtung weisen, die extremem Luftzug ausgesetzt ist.*

› Ein wichtiger Aspekt zuletzt: Wir haben uns von der Industrie überzeugen lassen, dass Honig nur „echt“ ist, wenn er flüssig ist und eine goldgelbe Farbe in unterschiedlichen Schattierungen aufweist. Das stimmt genauso wenig wie die verbreitete Annahme, dass Salz „rieselfähig“ sein muss. Tatsache ist: Alle natürlichen Honige (auch dic Sortenhonige) kristallisieren nach einer gewissen Zeit – nach Wochen oder ein paar Monaten, je nach Traubenzuckeranteil. Wir sollten uns wieder darauf besinnen, dass es ein Zeichen von Qualität ist, wenn Honig kristallisiert. Sobald Sie ihn langsam erwärmen (nicht erhitzen!), wird er wieder flüssig.

Das GARTENJAHR geht zu ENDE

Ernten, Lagern, Einwintern

Ernten sollten Sie, wenn die guten Dinge im Garten reif sind, das ist der wichtigste „richtige Zeitpunkt“. Darüber hinaus kann der Mondkalender eine große Hilfe sein, wenn es darum geht, bestes Aroma, höchsten Vitamingehalt und lange Haltbarkeit zu verbinden.

Ernten zur Lagerung

IDEAL

Bei ***abnehmendem Mond*** in Widder, Löwe und Schütze.

GÜNSTIG

Bei ***abnehmendem Mond***, mit Ausnahme von Krebs, Skorpion, Fische und Jungfrau.

Wenn Sie einen günstigen Zeitpunkt wählen, bleiben Obst und Gemüse länger frisch und stehen besser im Saft. Der Saft bleibt beim Ernten erhalten und bringt beste Voraussetzungen für guten Geschmack und Haltbarkeit mit. Die Schale schließt das Obst sorgfältig ab, damit auch eine faule Frucht dazwischen nicht alles „ansteckt“.

Das gute Aroma bleibt längere Zeit erhalten. Schalen, äußere Blätter und Ähnliches schützen die Ernte vor dem Austrocknen. Es kommt seltener zu Druckstellen.

UNGÜNSTIG
Bei ***zunehmendem Mond*** inklusive **Vollmond** und bei abnehmendem Mond in Krebs, Skorpion, Fische und Jungfrau.

SEHR UNGÜNSTIG
Bei ***zunehmendem Mond*** inklusive **Vollmond** in Krebs, Fische und Jungfrau.

Zum ungünstigen Zeitpunkt besteht Fäulnisgefahr, alles bekommt sofort oder relativ bald einen faden Geschmack. Die Lagerfähigkeit ist geringer. Einzelne faule oder beschädigte Früchte stecken alle anderen leichter an, ganze Lagerbestände können so vernichtet werden (ein weiterer Grund, warum Chemie bei der Arbeit im Garten überhaupt eine Chance hatte).

Konservieren, Einmachen und Lagern

IDEAL

Bei ***abnehmendem Mond*** in Widder, Löwe oder Schütze.

GÜNSTIG

Bei ***abnehmendem Mond*** inklusive **Neumond**, außer Krebs, Fische und Jungfrau.

Wenn Sie einen günstigen Zeitpunkt wählen, verlängern Sie die Haltbarkeit der guten Dinge enorm! Das Aroma bleibt erhalten, ebenso wie die empfindlichen Vitamine. Die gefürchtete Schimmelbildung bleibt weitgehend aus. Werden Früchte und Beeren in großen Mengen reif, ernten und frieren Sie diese einfach ein und verarbeiten Sie sie später an einem Fruchttag bei abnehmendem Mond (Widder, Löwe, Schütze).

UNGÜNSTIG

Bei ***zunehmendem Mond*** in Krebs und Jungfrau.

SCHLECHT

Bei **Vollmond** und bei Jungfrau.

Zum ungünstigen Zeitpunkt lässt nicht nur die Haltbarkeit zu wünschen übrig, auch der Geschmack ist eher fade. Die Gefahr der Schimmelbildung vergrößert sich, bei zunehmendem Mond in Jungfrau ist die Schimmelbildung geradezu vorprogrammiert.

Tipps und Anmerkungen

› *Fünf Jahre, sechs Jahre, sieben Jahre – so lange wartete eine selbst gemachte Pfirsichmarmelade in unserer Garage auf den Besuch des Journalisten. Dann öffneten wir eines der Gläser und zeigten ihm, was der richtige Zeitpunkt beim Marmeladeeinkochen bewirken kann – ohne Chemie, nur mit der Kraft des Mondes. Die Marmelade war aromatisch und köstlich wie frisch zubereitet.*

› *Lässt das Wetter keine günstigen Tage fürs Ernten zu, dann warten Sie wenigstens mit dem Einmachen bis zum nächsten Fruchttag (Widder, Löwe, Schütze).*

Oder Sie frieren die Früchte ein, bis sich ein Fruchttag zur Verarbeitung anbietet.

› Bei der Ernte sollten Sie den Mut aufbringen, einige alte Pflanzen (vielleicht einen Kohlrabi, den Sie nicht ernten) eintrocknen und bis zum Frühjahr stehen zu lassen. Als lebendige Wesen haben diese alten Pflanzen viele Erfahrungen gemacht über die spezielle Situation bei Ihnen: die besonderen Boden- und Klimaverhältnisse, die Tier- und „Menschenwelt" der Umgebung, die „Schädlingssituation", die Strahlungen. Die Gesamtheit dieser Informationen geht auf wunderbare Weise in die Erde über und sorgt bei der Nachkommenschaft im nächsten Frühling für ein stabileres Wachstum – selbst dann, wenn diese aus gekauften Samen stammt und nicht direkt von der Pflanze, welche die Informationen weitergibt.

› Die Natur funktioniert in Zusammenhängen, besitzt Geheimnisse, die wir noch in Jahrhunderten nicht ergründen werden, wenn wir uns nur auf das Warum beschränken. Wir vertrauen darauf, dass Sie Freude am Erfahren einiger dieser Geheimnisse haben, selbst wenn wir die Frage nach dem Warum nicht beantworten können. Es ist ein so wunderbares Abenteuer.

Einwintern von Geräten etc.

Das Gartenjahr neigt sich dem Ende zu, das Reinigen und Einwintern all der treuen Helferlein im Garten steht bevor – Gerätschaften, Gartenscheren, Holzstangen, Blumentöpfe, kleine Maschinen usw.

Der richtige Zeitpunkt kann viel dazu beitragen, dass Sie im nächsten Frühjahr wieder mit Freude an die Arbeit gehen. Nebenbei bemerkt: Die folgenden günstigen Zeitpunkte sind gleichzeitig die besten Zeitpunkte fürs Verstauen von Saisonkleidung. Zum falschen Zeitpunkt kann sie modrig werden und unangenehm riechen, wenn sie wieder hervorgeholt wird.

> IDEAL
> Bei ***abnehmendem Mond*** in Löwe, Zwillinge oder ab Oktober auch in Waage.
>
> GÜNSTIG
> Generell bei ***abnehmendem Mond***, außer Krebs.

Wenn Sie einen günstigen Zeitpunkt wählen, bleibt alles trocken und sauber. Es bilden sich keine faden Gerüche und auch Ungeziefer belagert die Gerätschaften nicht. Im Frühjahr steht alles wie frisch gesäubert zur Verfügung. Sogar Spinnen bauen ihre Netze nicht zwischen den überwinterten Werkzeugen.

UNGÜNSTIG

Generell bei ***zunehmendem Mond***, besonders aber an Wassertagen (Krebs, Skorpion, Fische) und Jungfrau.

Zum ungünstigen Zeitpunkt bleiben die Gerätschaften zu lange feucht und es kann sich Schimmel bilden (wenn auch unsichtbar). Holzgriffe werden von Bakterien angegriffen und faulen vorzeitig. Eisengeräte rosten schneller. Es entsteht oft ein unangenehmer fauler Geruch am Überwinterungsort.

Tipps und Anmerkungen

› Heute bestehen Gartenwerkzeuge aus rostfreiem Edelstahl (etwas teurer) oder aus gehärtetem Kohlenstoffstahl (etwas günstiger, aber auch aufwändiger zu pflegen). Das ist in Ordnung bei jenen Werkzeugen, die nur mit Pflanzen in Berührung kommen (Gartenscheren, Messer usw.), beziehungsweise auch bei Geräten, die härteste Arbeit leisten müssen (Pickel etc.).

› Beide Metalle haben aber einen gravierenden Nachteil, den man in früherer Zeit kannte: Ihre Anwendung wirkt auf die lebendige Erde wie ein kleiner Schock. Die Fruchtbarkeit lässt nach. Eisengeräte entziehen dem Boden die für gutes Wachstum nötige Magnetkraft, sie entladen den Boden und das darin befindliche Wasser. Der Informationsfluss wird unterbrochen. Befindet sich also im Boden Rost, der durch den Eisenabrieb des Geräts entsteht, verlieren der Boden und das darin befindliche Wasser augenblicklich ihre Spannkraft. Im Laufe der Zeit sinkt das Wasser ab und der Boden trocknet aus.

› Viktor Schauberger, der österreichische Naturforscher, hat erkannt, dass sich kupferreiche Landschaften durch üppiges Wachstum auszeichnen. Diese Erfahrungen und Erkenntnisse brachten ihn dazu, Feldbearbeitungsgeräte aus Kupfer beziehungsweise Kupferlegierungen zu entwickeln und zu erproben. Ertragssteigerungen um bis zu 50 Prozent bei besserer Qualität waren das Ergebnis. Die Pflanzen zeigten ein tieferes Grün und verbessertes Wachstum.

› Das ideale Werkzeugmetall also, das auch heute noch von noblen Gartengeräte-Manufakturen und manch weisem Schmied für Gartengeräte verwendet wird, ist Kupfer (mit einer geringen Beimischung von Zinn, um die nötige Härte zu erzielen). Wer mit Kupfergeräten (Pflüge, Hauen) arbeitet, macht die Erfahrung, dass der Boden ihnen viel weniger Widerstand entgegensetzt als Eisengeräten und sie deshalb leichter gleiten.

› Unsere Ackerböden und Gärten sind heute in der Regel unterversorgt mit Kupfer, weil zu viel Stickstoff zugeführt wird. Das wiederum hat Kupfermangel zur Folge – im Boden wie später in unserem Körper. Nicht selten führt Kupfermangel zu Knochenabbau, begleitet von Müdigkeit und Lustlosigkeit. Einer „Blutarmut" wegen Eisenmangel geht immer ein Kupfermangel voraus, denn wenn Kupfer fehlt, kann der Körper kein

Eisen aufnehmen. Zivilisationskrankheiten wie Veränderungen der Haarstruktur oder Abnahme des Geschmackssinns, die schon beinahe als „normal" gelten, könnten durch die Zufuhr von Kupfer Abhilfe finden.

› *Wie nehmen Sie Kupfer am besten auf? Das geht in erster Linie über Hülsenfrüchte und Rote Rüben, aber auch durch grünes Blattgemüse, Brombeeren, Zitronen, Birnen, Marillen sowie Johannisbeeren. Und über die Produkte aus Ihrer Gartenerde, wenn Sie das richtige Werkzeug haben.*

› *Bodenfreundliche Kupferwerkzeuge sind ein Teil der Vitaminspritze, die dem Boden wertvolle Elemente zurückgibt – neben verrottendem Laub, Unkräutern usw. (Bezugsquellen siehe unser Mondversand www.mondversand.com).*

*

Damit endet unsere Wanderung durchs Gartenjahr, begleitet vom richtigen Zeitpunkt im Mondrhythmus. Die warme Stube lockt, und vielleicht finden Sie ja jetzt Zeit und Muße für die folgende Geschichte, die wir speziell für Sie geschrieben haben.

Die GESCHICHTE vom ZEHNTEN GÄRTNER

Es war einmal, keine tausend Meilen von hier, da lebte ein Gärtner, der weithin dafür bekannt war, außergewöhnliche und ganz eigene Wege zu gehen. Gesegnet mit besonderen Fähigkeiten, mit der Gabe des Weitblicks und des Tiefblicks, konnte er alle Dinge gleichsam „zusammen" sehen – Sommer und Winter, reiche Ernten und magere Jahre, Nutzpflanzen und Schädlinge. Hinter allen Gegensätzen und Widersprüchen erkannte er die Einheit, das Verbindende, den verborgenen Sinn hinter dem scheinbar Sinnlosen. „Das Glück im Unglück" war ihm vertraute Wirklichkeit.

Sein Tun war beseelt von einer tiefen Liebe zu allem, was lebte und wuchs, was atmete und reifte. „Natur" war für ihn nur ein anderes Wort für „Geschenke Gottes". Das Sprichwort „Machet euch die

Erde untertan" hatte er stets als Aufforderung zu Miteinander und Dankbarkeit verstanden – nicht als Weisung, Mensch und Natur zu unterwerfen. Er war stolz darauf, als Gärtner leben zu dürfen, und empfand es als Geschenk, als fast unverdientes Privileg, aller harten Arbeit zum Trotz. Das Gefühl bevorzugter Behandlung durch das Schicksal bezeugte er im Alltag durch große Bescheidenheit und unaufdringliche Freundlichkeit. Er war ein Ruhepol mitten in einem unruhigen Meer, das bang darauf wartete, ob der Sturm am Horizont sich verziehen würde – oder doch nicht. Er war mit sich im Reinen.Eine grenzenlose Neugier auf alle Dinge zwischen Himmel und Erde feuerte ihn an – wie sie uns doch allen zu eigen ist, wenn wir ihr nur Raum zur Entfaltung geben. „In hundert Jahren haben wir genug Zeit zum Schlafen", sagte er seiner Familie stets, wenn alle wieder einmal große Augen machten, weil er etwas Neues ausprobierte – eine besondere Züchtung, eine neue Technik, eine neue Anwendung für altes Wissen.

Manchen Menschen, die ihn nicht so gut kannten, war er ein wenig unheimlich, denn er konnte offenbar in vieler Hinsicht in die Zukunft blicken. Vor allen Dingen konnte er die Wirklichkeit hinter dem Schein, das Echte hinter den Kulissen erfühlen, die

Wahrheit hinter Lügen und Propaganda erkennen. Diese Fähigkeit war ihm selbst ein wenig rätselhaft, denn sie offenbarte sich fast immer als leise Stimme in seinem linken Ohr. Diese leise Stimme übersetzte dem „zehnten Gärtner" (wie wir ihn nennen wollen) unmittelbar und mit einfachen Worten, was das jeweilige Gegenüber in Wahrheit sagen wollte. „Mein kleiner Übersetzerfreund" nannte er diese Stimme, wenn er mit ihr sprach. War der jeweilige Gesprächspartner aufrichtig, dann schwieg der Übersetzer – oder er murmelte leise: „Das ist aber schön!" Bekam der Gärtner Lügen oder unlogisches Geplapper zu hören, so half ihm die Stimme augenblicklich, das Gehörte richtig zu verstehen. Das war manchmal recht lustig, weil der kleine Freund im Ohr sofort loslegte, beispielsweise wenn jemand einen Satz mit „Sie haben recht, aber ..." begann. Regelmäßig murmelte die Stimme sofort: „Er meint: Nein!"

Oftmals stimmte der Übersetzerfreund den Gärtner etwas schwermütig, gerade weil er die eigentlichen Motive seines Gegenübers erfuhr, hinter den schönen Worten. Er konnte nicht zum Metzger gehen, der ihn freundlich mit „Guten Morgen! Wie geht's dir heut'?" begrüßte, ohne dass der Übersetzer sofort seine Verständnishilfe gab: „Er sagt: Hoffentlich kauft der Geizhals diesmal etwas mehr als sonst …" Manchmal wünschte sich der Gärtner, der Freund in seinem Ohr möge sich hin und wieder Urlaub gönnen. Aber der Übersetzer blieb sein Schicksal und sein treuer Gefährte, auf den er sich immer verlassen konnte.

Unsere kleine Geschichte beginnt eigentlich erst jetzt, als sich eines Tages alle zehn Gärtner des Großen Tals im Dorfwirtshaus versammelten, um der Einladung eines fliegenden Händlers zu folgen und dessen Vortrag zu hören. Auch unser Freund, der zehnte Gärtner, war gekommen, neugierig darauf, was es in der Welt Neues gäbe.

Der elegant wirkende Fremde stellte sich vor als DER VERTRETER. Er sei gekommen, um den Anbruch einer gesegneten „neuen Zeit" zu verkünden und den Gärtnern in dieser verträumten, fast vergessenen Weltenecke zur Seite zu stehen, damit auch ihr Berufsstand am allgemeinen Fortschritt der Menschheit teilhabe. Er stellte sich vor die Gärtner, neben sich ein Tisch, auf dem das offenbar einzige Utensil ruhte, das er mitgebracht hatte – ein tiefschwarz glänzender, auf den Kopf gestellter Zylinderhut. Anflüge von Neugier, verschlossene Skepsis, gespielte Gelassenheit – all das stand in den

Gesichtern der Gärtner zu lesen. Bevor noch das erste Wort gesprochen wurde, tauchte der Vertreter die Hand tief in den Hut und zog einen schweren Papiersack heraus, der wohl seine 20 Kilo auf die Waage brachte. Mit geübtem Schwung riss er ihn auf, schöpfte eine Handvoll streng riechender Körnchen hervor, blickte triumphierend in die Runde und summte mit sanftem, bedeutungsschwerem Bariton: „Meine Herren, wir haben die Lösung all Ihrer Probleme ... Kunstdünger!"

In diesem Augenblick erhob der Übersetzerfreund seine Stimme im Kopf des zehnten Gärtners und murmelte eindringlich: „Er meint: Ich habe die Lösung für meine eigenen Probleme und die meiner Chefs in der Firma! Künstliches Fast Food für eure Pflanzen." Neun Gärtner hörten reglos zu, der zehnte Gärtner legte den Kopf leicht auf die Seite. Nach fein dosierter Kunstpause fuhr der Vertreter fort: „Ein magischer Stoff, das Zaubermittel der neuen Zeiten – es lässt eure Blumen, Sträucher und alle anderen Pflanzen fast doppelt so schnell wachsen, fast doppelt so groß werden und euren Gewinn nicht nur verdoppeln – nein, verdreifachen! Viel schneller verwandeln sich eure Gärten in Paradiese! Oh ja, natürlich hat er seinen Preis, aber bei diesen goldenen

Aussichten werdet ihr euch doch die paar Silberlinge nicht reuen lassen."

Der Übersetzer meldete sich sofort und flüsterte dem zehnten Gärtner ins Ohr, was der Vertreter in Wahrheit gesagt hatte: „Wir haben es hergestellt, also möchten wir es auch verkaufen. Und das am liebsten in jedem Jahr mehr und mehr. Nichts sonst interessiert uns." Neun Gärtner flüsterten untereinander, bekamen glänzende Augen und rieben sich die Hände. Der zehnte Gärtner jedoch stand auf und bat ums Wort. Mit ruhiger, fester Stimme sagte er: „Die Natur liebt uns und sorgt für uns, wie jeder von uns täglich erleben darf. Zwangsernährung und Überfütterung der Pflanzen, die Sie uns hier vorschlagen, haben ebenso zwangsläufige Folgen. Die Natur erkennt die Pflanzen, Ihre Blüten und übergroßen, aber schwachen und leblosen Früchte in ihrer Weisheit als Kunstprodukt, als krank und krankmachend. Sie wird in ihrer Weisheit und Großzügigkeit sofort aufstehen und sich in unserem Namen wehren. Notfalls schickt sie eine Heerschar Insekten, die die unnatürlichen Pflanzen vernichten sollen. Was wir ‚Unkraut' und ‚Schädlinge' nennen, soll für gesunden Ausgleich im Boden und in unserem Körper sorgen und die Nutzpflanzen ausrotten. Warum also einen solchen Krieg gegen die Natur beginnen, wenn wir Ursache und Folgen jetzt schon kennen?"

Die neun Gärtner rutschten unbehaglich hin und her, die unverblümte Rede des zehnten Gärtner war ihnen etwas peinlich. Der Vertreter aber setzte ein mildes Lächeln auf und sagte: „Keine Sorge, lieber Herr, das wissen wir längst, dafür ist vorgesorgt." Er griff wiederum tief in den Zylinder hinein und zog mehrere Dosen, Tüten und Sprays hervor, deren Etiketten wenig Großgedrucktes, viel Kleingedrucktes und jeweils einen kleinen Totenkopf aufwiesen. „Damit vernichtet ihr alle Schädlinge und Unkräuter in Nullkommanichts, die euch der Früchte der Mühen und Investitionen berauben wollen. Sparsam in der Anwendung, kostengünstig in der Anschaffung!"

Der Übersetzer zögerte keine Sekunde und stellte die Worte des Vertreters richtig: „Wir schaffen ein Problem, wir verdienen am Problem, wir suchen eine Lösung, wir verdienen an der Lösung, wir bekämpfen das Symptom, wir verdienen an der Symptombekämpfung, wir schaffen neue Probleme, wir verdienen an der Lösung der neuen Probleme. Viel Geld, viel Umsatz!" Neun Gärtner murmelten anerkennende Worte angesichts von Weisheit und Voraussicht. Der zehnte Gärtner aber sprach:

„Solchermaßen gezogenen Pflanzen fehlt jegliches innere Leben, das der Mensch braucht. Es fehlt an allem, diese Früchte sind nicht nur keine Lebensmittel, sie sind auf Dauer Gift."

Der Vertreter hatte sich offenbar gut vorbereitet und nur auf diese Worte gewartet. Er griff in den Zylinder und zog eine Handvoll bunter Döschen und Schachteln heraus: „Aber kein Problem! Dieselben großartigen Firmen, die euch die Düngemittel und Pestizide liefern, haben jahrzehntelang brillante Forschungsarbeit geleistet. Sie haben wunderbare Nahrungsergänzungsmittel entworfen, die alle Mängel ausgleichen. Und so fügt sich alles in schönster Ordnung: Ihr könnt eure Preise niedrig halten, bleibt konkurrenzfähig und schafft obendrein noch viele Arbeitsplätze in der chemischen Industrie. Das lässt einen doch mit ruhigem Gewissen schlafen, oder?"Der Übersetzer meldete sogleich die wahren Worte des Vertreters und seiner Auftraggeber: „Wir haben jahrzehntelang intensive Forschungsarbeit geleistet und Nahrungsergänzungsmittel entworfen, die den Mangel ausgleichen, den wir selbst erzeugen. Mittel, die zusammenfügen sollen, was wir zerstört haben. Das schaffen sie aber niemals ganz, weiterer Mangel ist eingebaut. Wir wissen genau, wie aus Mangel und Müdigkeit Gold wird. Unser Gold, eure Betäubung."

Neun Gärtner nickten zustimmend – und reagierten etwas ungehalten, als der zehnte Gärtner wieder das Wort ergriff und zu bedenken gab: „Alle diese Pestizide sammeln sich in den Früchten und Kräutern, in der Erde, im Wasser, in der Luft, in den Tieren, im Körper des Menschen und machen uns krank. Die Nahrungsergänzungsmittel kann der Körper mit wenigen Ausnahmen gar nicht erkennen, der Mangel bleibt und macht den Körper übergewichtig und süchtig, bei seinem ständigen Versuch, aus den leblosen Früchten das Lebendige herauszuholen."

Der Vertreter nickte verständnisvoll, zog einen riesigen Sack voll bunter Medikamentenpackungen aus dem Zylinder und sprach gönnerhaft: „Ist bekannt, ist erledigt, ist vorgesorgt, werter Herr. Die Firmen, die euch die Düngemittel, Pestizide und Nahrungsergänzungen bringen, die sind nicht faul gewesen. Sie haben keine Mühen und Kosten gescheut und in langjähriger und kostspieliger Forschungsarbeit herausgefunden, wie man mit all den kleinen Wehwehchen und Allergien und dem Übergewicht fertig wird. Ihr seht, wir haben an alles gedacht!" Sein Gesicht strahlte jene Freude aus, die empfindet, wer seine Arbeit gut macht, wer in ihr aufblüht und sicher ist, der Menschheit Gutes zu tun. Laut Übersetzer waren dies die eigentlichen Worte des Vertreters: „Wir verdienen an der Zerstörung, wir verdienen am Aufbau, wir bauen aber nur halb und in mangelhafter Qualität auf, weil wir dann an den ständigen Reparaturen verdienen. Symptombekämpfung – das ist das Zauberwort!“

Die neun Gärtner spürten diese innere Kraft und waren's zufrieden. Der zehnte Gärtner sagte mit leiser, aber fester Stimme: „Ihre Medizin kuriert nur die Symptome der Krankheiten, gesund wird davon niemand, obendrein bringen uns die Nebenwirkungen um. Warum teuer kurieren, wenn krank werden so leicht zu vermeiden wäre?“ Des Vertreters Hand war schon im Zylinder verschwunden, noch bevor der zehnte Gärtner seinen Satz beendet hatte: „Hier sind die neuen Medikamente, die alle Nebenwirkungen der alten Medikamente im Schach halten und ausmerzen – teilweise noch bevor sie überhaupt auftreten!“, rief er triumphierend in die Runde. Der Übersetzer wurde nicht müde, des Vertreters wahre Worte zu verkünden: „Wir verdienen an der Zerstörung, wir verdienen am Aufbau, wir bauen nur halb auf, weil wir dann an den ständigen

Reparaturen verdienen.“ Bevor noch der zehnte Gärtner Luft holen konnte, griff der Vertreter noch einmal in den Zylinder und holte ein allerliebstes kleines Holzmodell hervor, bunt bemalt und kunstreich handgefertigt. Es zeigte auf der linken Seite einen wunderbar vielfältigen, krachbunten Garten, wie er bei uns einst das Land zierte, und auf der rechten Seite den Garten, wie ihn der Vertreter anzubieten hatte – ein Vorher-nachher-Modell sozusagen. Die Vorher-Seite schmückten gewundene glitzernde Bäche, übervoll mit Krebsen und Fischen, gesäumt von Bäumen und Sträuchern, ein fröhlicher Flickenteppich vielfarbiger Fleckchen, mit Blumenbeeten, Steinhaufen, Hecken usw. Ein kleines Paradies. Die andere, die moderne, fortschrittliche Nachher-Seite wies dagegen nur wenige große Flächen auf, schnurgerade, betonierte Gehwege, asphaltierte Einfahrten, rechte Winkel, große Rasenmäher, Einförmigkeit, so weit das Auge reichte. „DAS ist die wunderbare Zukunft! Große Flächen für schnelles und leichtes Arbeiten, bequeme Fortbewegung, höhere Erträge! Und nebenbei bemerkt: Ihre Mondkalender können Sie dann auch zum Altpapier werfen. Sie müssen nicht mehr auf Natur- und Mondrhythmen horchen, sie gehören längst ins Reich des Altmodischen und des Aberglaubens." Der Übersetzer tat seine Arbeit sofort und stellte den Vertreter ins rechte Licht: „Wir verdienen an der Zerstörung, wir verdienen am Aufbau. Das Wissen um die Mondrhythmen ist Schnee von gestern! Chemie und Industrie können es sich leisten, deren Einfluss zu ignorieren. Weil ja für alle Schadensfälle vorgesorgt ist. Narrensicher, dieses System: Wir verdienen am Erfolg, wir verdienen am Misserfolg."

Und noch einmal griff er in den Zylinder und zog staatliche Förderungen und zahlreiche wissenschaftliche Abhandlungen hervor, die Wert und Sinn dieser Eingriffe und Veränderungen exakt begründeten und „bewiesen" – ohne Zweifel zuzulassen und mit Fachbegriffen, für die momentan leider kein Übersetzer bereitstand. Neun Gärtner saßen mit leuchtenden Augen da – und ärgerten sich, als der zehnte Gärtner wieder das Wort ergriff: „Was ist mit der unvermeidlichen Bodenabtragung und -zerstörung, mit der Übersäuerung, die den fruchtbaren Boden in Wüste verwandelt, ganz zu schweigen von der Zerstörung des Lebensraums für die Tiere?" „Kein Problem!", sagte der Vertreter unbeirrt. „Die Wissenschaft hat selbstverständlich hart gearbeitet, um auch all diese Dinge in den Griff zu bekommen."

Ohne Zögern machte der Übersetzer die wahren Gedanken des Vertreters und der Marionettenspieler im Hintergrund klar: „Wir schaffen das Problem und verdienen daran, wir arbeiten an der Lösung und verdienen daran, wir zögern eine echte Lösung so lange wie möglich hinaus und scheffeln Geld ohne Ende. Bis ihr von Unterstützung abhängig seid wie Babys von der Mama."

Der zehnte Gärtner sagte mit fester Stimme: „Wenn wir so wirtschaften, zerstören wir auch das Grundwasser! Woher kommt dann sauberes Wasser?" Der Vertreter lachte laut auf: „Ihr werdet doch nicht glauben, dass wir nicht auch dafür eine Lösung haben! Sie ist einfach genial und genial einfach: Nach intensiven Forschungen und Studium unserer Statistiken haben wir die Grenzwerte für Gifte im Wasser erhöht! Wir haben nämlich festgestellt, dass ohnehin nur einige wenige, besonders empfindliche Personen, meist Kinder, auf das minimal belastete Wasser reagiert haben. Ja, und dann gibt es immer noch diese Möglichkeit!" Er zog ein schweres und kompliziert gebautes Wasserreinigungsgerät aus dem Zylinder, mit dem sich jedes Wasser säubern ließe. Unter viel Energieaufwand und mit dem Ergebnis einer leblosen, sterilen Flüssigkeit.

Mit schon beinahe gelangweilter Stimme trug der Übersetzer die Wahrheit in den Worten des Vertreters vor: „Wir schaffen das Problem und verdienen daran, wir arbeiten an der Lösung und verdienen daran, wir zögern eine echte Lösung so lange wie möglich hinaus und verdienen daran. Dass keimfreies Wasser lebloses Wasser ist, braucht niemand zu wissen."

Der zehnte Gärtner sagte: „Bei dieser Bewirtschaftungsmethode werden sich gefährliche resistente Bakterienarten entwickeln, die gegen alle Pestizide und Antibiotika immun sind." Der Vertreter nickte nachsichtig und sagte großmütig: „Ich danke auch für diesen Einwand, aber das ist nun wirklich kein Problem! Unsere Gentechniker haben für diesen Fall ganz und gar neue Kulturpflanzen entwickelt, die sicherlich keine Krankheiten mehr bekommen werden, wie alle Forschungen und Freilandversuche zeigten. Und die Samen könnt ihr garantiert jedes Jahr neu bei uns erwerben!"

Der Übersetzer kannte kein Erbarmen und sagte wahrheitsgemäß, was der Vertreter verschwieg: „Wir schaffen ein riesiges Problem und verdienen gewaltig daran, wir arbeiten in ein paar Jahrzehnten an der Lösung und verdienen gewaltig daran, wir zögern eine echte Lösung so lange wie möglich hinaus und verdienen absolut irre daran. Und das Schönste: Manche Schäden sind nicht rückgängig zu machen: DAS sind erst die Umsatzträger!"

Der zehnte Gärtner unbeirrt: „Frühestens in 30 Jahren kann sich zeigen, wie sich diese Pflanzen auf Umwelt, Mensch und Tier auswirken. Fast alle dieser Pflanzen haben sich als schädlich auch für Nützlinge erwiesen. Die Insekten, Bienen und Regenwürmer verlassen uns jetzt schon! Warum dann heute ein solches Risiko eingehen?" Der Vertreter winkte ab: „Aber wo bleibt der Pioniergeist, für den ihr bekannt seid? Kein Fortschritt ohne Risiko. Wenn es klappt, dann ist doch der Gewinn um ein Vielfaches höher als auf herkömmlichen Wegen, nicht wahr?" Der Übersetzer machte kurzen Prozess und stellte des Vertreters Worte klar: „Appelliere an ihren Stolz, dann rollt der Rubel."

Der zehnte Gärtner warf ein: „Ob wir uns als Versuchskaninchen für dieses Experiment hergeben, sollte jedem Einzelnen überlassen bleiben." Der Vertreter: „Du meine Güte, wo bleibt denn da eure Menschenkenntnis? Dann würde doch keiner mitmachen! Nein, manchmal muss man die Menschheit zu ihrem Glück zwingen. Großer Vorteil nebenbei bemerkt: Gleichbleibende Qualität!“ Der Übersetzer wiederholte den tieferen Sinn hinter den Worten des Vertreters: „Appelliere an ihren Stolz, dann rollt der Rubel.“ Der zehnte Gärtner blieb unbeirrt: „Wir können unser Saatgut nicht mehr selbst vermehren wie seit Jahrtausenden, sondern müssen die Hybridpflanzen immer wieder nachkaufen.“ Der Vertreter verzog keine Miene: „Das ist doch kein Problem, mein Lieber, der Nachteil ist euer Vorteil! Erstens bekommt ihr immer das neueste Modell aus unserer Genfabrik, diese Garantie habt ihr. Zweitens haben wir selbstverständlich mit unseren engen Freunden in den Banken gesprochen, die günstige Kredite für vorübergehende Notfälle anbieten.“ Der Übersetzer murmelte des Vertreters eigentliche Worte: „Appelliere an ihr Sicherheitsbedürfnis, dann rollt der Rubel.“

Der zehnte Gärtner: „Diese unfruchtbaren, nicht vermehrbaren Früchte sind keine echten Lebensmittel, weil sie steril sind, ihre innere Lebendigkeit ist vernichtet worden. Sie schwächen den Menschen.“ Der Vertreter rief: „Gut, aber nicht zu Ende gedacht! Wir sind glücklicherweise dem Mittelalter entwachsen und neutrale Wissenschaftler haben dies zweifelsfrei als Aberglauben entlarvt.“

Der Übersetzer stellte klar, was der Vertreter zwar nicht sagte, aber meinte: „Alles nicht der Rede wert gemessen an den enormen Profiten und Vorteilen! Dass die bleierne Müdigkeit, die alle Menschen nach Konsum solcher Nichtlebensmittel überfällt, von diesen Produkten stammt, weiß ja niemand. Beweisen ließe sich der Zusammenhang nur mit ungeheurem Aufwand, an dem die Industrie kein Interesse hat. Es gibt ja eine Vielzahl von Abhilfen – vom Kaffee allüberall bis zu diversen frei verkäuflichen Drogen und aufputschenden Getränken. Allesamt tolle Umsatzträger für dieselben Firmen, die euch alle diese Segnungen bringen!" Der zehnte Gärtner seufzte und sagte mit leiser Stimme: „Als Rädchen in diesem Teufelskreis wird gewiss keiner von uns mehr ruhig schlafen können! Ich jedenfalls würde morgens nicht mehr in den Spiegel schauen können." Der Vertreter hatte auch darauf eine Antwort und holte einen großen Haufen bunter Hochglanzprospekte aus dem Zylinder und ein Krankenschein-Scheckheft, die er den Gärtnern zur Ansicht gab. „Wissen wir längst! Und haben gut vorgesorgt. Hier, damit ihr auf andere Gedanken kommt. Zu viel Pessimismus ist doch ungesund! Das macht nur Falten!" Und er lachte fröhlich und aufmunternd.

Der Übersetzer holte hörbar Luft und begann wiederum, die Worte des Vertreters verständlich zu machen: „Wir haben gut vorgesorgt. Unsere Werbeagenturen in aller Welt beweisen dem Konsumenten tagtäglich, dass Kunstdünger und Pestizide unschädlich sind, dass Gentechnik und Klonen eine super Sache sind (obwohl es längst klare Beweise für das Gegenteil gibt). Und nachdem es kaum noch Wissenschaftler gibt, die nicht von uns bezahlt werden, wird sich die Zahl der Studien, die die Wahrheit herausfinden, sehr in Grenzen halten und zudem kaum Verbreitung finden. Und wenn doch, dann werden sie einfach als lästig und überholt abgetan. Altes Wissen, das viele Jahrhunderte treu gedient hat, braucht man nur lächerlich zu machen, das funktioniert fast immer.

Ja, und was eure Gewissensbisse betrifft, da haben wir die EU und die Krankenkassen auf unserer Seite. Die bezahlen nicht nur die körperlichen Schäden durch die Anwendung der Pestizide und des Konsums eurer eigenen Produkte, die bezahlen auch die nötige Seelenmassage, damit ihr auf andere Gedanken kommt. Und das auch nur dann, wenn man die Zusammenhänge nachweisen kann.“ Die neun Gärtner waren zufrieden, der zehnte Gärtner aber holte tief Luft: „Das ist bedingungslose Abhängigkeit, in die wir uns begeben sollen, das ist tiefste Sklaverei. Abhängigkeit von den Banken, von Politikern, die noch nie einen Garten selbst gepflegt haben, von Wissenschaftlern, von der Pharmazie, von staatlichen Förderungen, von den Saatgut-Herstellern, von den Maschinenbau-Firmen, von Subventionen, von Pensionszahlungen, von Krankenkassen, von Psychotherapeuten, die unser schlechtes Gewissen beruhigen müssen. Niemand ist dann mehr sein eigener Herr!" Der Vertreter schlug kurz die Augen nieder: „Aber warum so schwarzsehen? Wir sehen hier Sicherheit und Fortschritt. Ich sehe Vernetzung, Globalisierung und fröhliches Miteinander zum Nutzen aller. Man wird sich von allen Seiten um euch kümmern und für euer Wohlergehen sorgen! Schließlich sichert ihr obendrein zahllose Arbeitsplätze!" Den letzten Satz sprach der Vertreter mit einem leichten Zittern der Rührung und des Pathos in der Stimme, sodass sich neun Gärtner sehr geschmeichelt fühlten. Sie empfanden Stolz!

Nachdem sich der Vertreter wieder gefasst hatte, griff er ein letztes Mal in den Zylinder und zog eine kleine Flöte hervor. Leise begann er darauf zu spielen – und zu Melodie und Takt eines uralten

Liedes standen der Reihe nach die neun Gärtner auf und folgten wie betäubt dem Vertreter. In ihren Augen hatten sie sich „freiwillig entschlossen", ihm zu folgen, ein jeder aus seinem besonderen Beweggrund. Der zehnte Gärtner aber blieb sitzen und sah den anderen neun und dem Vertreter nachdenklich nach. Er wusste, was der Vertreter nicht wusste oder nicht wissen wollte: All seine Produkte hätten zur Folge, dass der absolut geniale und sinnreiche Kreislauf der Natur unterbrochen und zerstört werden würde. Er wusste, dass die fruchtbare Erde ein lebendiges Wesen ist, das alle Fähigkeiten zur Selbstheilung und Regenerierung in sich trägt – es sei denn, man stört es dabei. Er wusste, dass ein Pestizid zu verwenden gleichbedeutend mit dem Absaugen von Rauch ist, um ein Feuer zu bekämpfen. Er wusste: Wenn auch nur ein Element im Kreislauf der Natur gestört oder zerstört wird, gerät der gesamte Kreislauf aus dem Gleichgewicht.

Das war nicht sein Weg. Er stand auf, kehrte in seine Gärtnerei zurück und fuhr fort, nach natürlichen Methoden sein goldenes Handwerk zu betreiben. Früchte, Kräuter und Gemüse anzubauen, die alle Kraft einer gesunden Erde in sich trugen. Echte Mittel fürs Leben, die den Menschen gesund erhalten und gesund machen. Wunderschöne Gärten entstanden weiterhin unter seinen kundigen Händen, Heimat zahlloser Kleintiere und Bienen, unterstützt von den guten Gedanken der Menschen, die seine Arbeit zu schätzen wissen.

*

Liebe Leserin, lieber Leser, Sie wollen dem zehnten Gärtner helfen? Nichts, aber auch gar nichts ist einfacher als das. Denn mit jeder einzelnen Entscheidung im Alltag helfen Sie entweder dem zehnten Gärtner und sorgen dafür, dass es Menschen wie ihn auch in Zukunft gibt. Oder Sie entscheiden sich für eine andere Zukunft, von deren Vorboten wir jeden Tag in der Zeitung hören. Und längst am eigenen Leib spüren müssen. So sehen nämlich die Alternativen aus. Sie haben es in der Hand.